btb

Buch

Neun Geschichten, »die unter die Haut gehen«, wie die *Badischen Neuesten Nachrichten* rühmen. Zum Beispiel über zwei Liebende, die gemeinsam einen Berg besteigen, den »Napf«. Lustvoll und mit einem Augenzwinkern wird von ihrer Tour erzählt, ihren amüsanten Erlebnissen und kuriosen Begegnungen, ihrer gemeinsamen Nacht nach der großen Anstrengung: zarte, sinnliche Augenblicke, voller Poesie. Ein Idyll jedoch, das zu kippen droht...

Nicht minder virtuos die Geschichte des Doktor Turban. Doktor Turban ist Arzt – und seine Methoden sind berüchtigt. Turban, der selbst an körperlichen und seelischen Gebrechen leidet, wird Chefarzt eines Davoser Sanatoriums. Getrieben vom Verlangen, Großes zu vollbringen, errichtet er auf seinem Zauberberg ein eisernes Regime, dem sich die Patienten aus aller Welt willig zu unterziehen beginnen. Bis eines Tages besagter Autor von Weltruhm in der Klinik auftaucht und das Leben des Doktor Turban eine ungeahnte Wendung nimmt...

Mögen die Themen und Klänge der neun Erzählungen noch so unterschiedlich sein: Daniel Zahno erweist sich mit diesem Debüt als einfühlsamer Geschichtenerzähler. Packend erzählt er von Liebe und Leidenschaft, Schmerz und Sehnsucht. In ihrer sprachlichen Vielfalt entwickeln die neun Geschichten eine unbändige Kraft, die zu fesseln und berühren vermag.

Autor

Daniel Zahno, 1963 in Basel geboren, studierte Germanistik und Anglistik. Er lebt und arbeitet in Basel. Für seinen Erzählband »Doktor Turban« wurde er 1996 mit dem Tübinger Poetikpreis ausgezeichnet sowie 1997 mit dem Clemens-Brentano-Förderpreis.

Daniel Zahno

Doktor Turban

Erzählungen

btb

Umwelthinweis:
Alle bedruckten Materialien dieses Taschenbuches sind chlorfrei und umweltschonend.

btb Taschenbücher erscheinen im Goldmann Verlag, einem Unternehmen der Verlagsgruppe Bertelsmann.

1. Auflage
Genehmigte Taschenbuchausgabe September 1998

Umschlaggestaltung: Design Team München
Umschlagfoto: Ernst Wrba
Satz: IBV Satz- und Datentechnik GmbH, Berlin
RK · Herstellung: Augustin Wiesbeck
Made in Germany
ISBN 3-442-72392-2

Inhalt

Tuscheln 7

Gelb 23

Napf 41

Doktor Turban 55

Mein Herr 79

Cephalo™ 95

... 111

Cool Man 125

Yerushalayim 140

Tuscheln

Zu erzählen gibt es eigentlich wenig, Mademoiselle, sehr wenig. Mein Vater war Fleischer. Wir hatten eine kleine Metzgerei in der Wedingstraße, vielleicht können Sie sich an das Geschäft erinnern. Ich war damals neun oder zehn. Der Laden war rundum mit weißen Kacheln verkleidet. Vaters Ware war nicht besser und nicht schlechter als die Ware anderer Fleischer. Im Hinterraum hatte es eine kleine Schlachtbank, mehrere Stahlhaken, aufgehängte Tierkörper, Beile und Messer in allen Größen. An der Wand hingen einige blutbefleckte Schürzen, neben der Tür standen Vaters große schwarze Stiefel.

Das Geschäft lief leidlich. Meine Mutter bediente die Kundschaft, meist einfache Leute aus dem Quartier, Hausfrauen, Alte, Arbeiter. Gekauft wurde vor allem Wurst, Blut-, Leber- und Bratwurst, ab und an auch Schinken, Speck, Haxen oder, eher selten, Steaks. Wir wohnten im selben Haus über dem Laden. So haben mich die Geräusche des Schlachtens, der Geruch von Fleisch und Blut seit frühester Zeit begleitet, haben mein Wesen in diesen schweren, roten Ton getaucht. Das Brüllen der Kälber, das Spritzen des Blutes, das Abstechen der Körper, all dies ist mir vertraut, ist der dunkle Klang meiner Kindheit. Warum ich später Vegetarier wurde, vermag ich nicht zu sagen; mag sein, daß ich diese Gerüche, diese Geräusche nicht mehr aushielt; mag sein, daß ich nur meinen Vater nicht mehr aushielt.

Die Ereignisse, nach denen Sie mich fragen, liegen weit zurück. Wenn ich heute mit Ihnen in meinem Opel durch die Stadt kurve, Sie vom Bahnhof zum Hotel, vom Hotel zum Bahnhof und von dort nach irgendwo bringe, dann kommt es mir vor, wie wenn all diese vergangenen Dinge mit mir und meinem Leben nichts zu tun hätten. Tiefes Unbehagen befällt mich, wenn ich daran denke. Ich muß gestehen, daß mich Ihre Fragen quälen. Sie quälen mich, weil ich weiß, daß mich auch meine Antworten auf Ihre Fragen quälen; ja im Grunde ist mir alles eine Qual, auch Ihr oder mein Schweigen wäre mir eine Qual.

Nun sitzen Sie aber mal neugierig im Fond meines Wagens und stellen mir die Fragen, die Sie stellen müssen: Sie haben recht. Bestimmt haben Sie schon seit langer Zeit auf diesen Moment gewartet. Wahrscheinlich haben Sie sich minutiös darauf vorbereitet, sind auf alles, auch das Schlimmste, gefaßt. Zwei große Scheine haben Sie mir hingestreckt und mir bedeutet, den Funk zur Zentrale auszuschalten. Haben mich angewiesen, zu fahren, wohin ich will: zu fahren und zu erzählen. Nun gut, ich will kein Spielverderber sein. Wenn es Ihnen so wichtig ist – und es scheint Ihnen wichtig zu sein, denn sonst hätten Sie die lange Reise nicht angetreten –, will ich, auch wenn es mir schwerfällt, versuchen, mich zu erinnern.

Begonnen hat alles in jenem heißen Sommer, in welchem aus den Radios plötzlich dieses schreckliche Kriegsgeheul ertönte und sich ganze Menschenmassen auf den Plätzen versammelten, um dann johlend und brüllend durch die Straßen zu ziehen. Auch Vater zog ab und an mit diesen Meuten durch die Straßen, selbst wenn er wegen Asthma schon früh ausgemustert worden war, was ihn schmerzlich berührte. So hatte er denn in diesen hektischen Tagen noch weniger Zeit für mich als sonst. Eigentlich hatte er ja nie Zeit für mich. Meist war er mit dem Schlachten und Ausnehmen der Tiere beschäftigt, mit dem Zerlegen und Zerschneiden der Schweine, oder dann war er eben bei jenen Aufläufen und Kundgebungen mit dabei, rief Parolen, trank Bier und ließ sich ausnehmen von Schweinen. So war er abends meist nicht zu Hause, und wenn, dann ausgebrannt und leer. Vom Typ her kräftig, die Züge roh und scharf, fiel er allein schon durch seinen dunklen Teint auf. Sein ganzes Wesen war ein Fleischerwesen, weißgeschürzt und pflichtbewußt und arbeitsam und ernst und dunkel und dick und stark und stolz und stämmig und groß und breit, und viel Platz war neben ihm, immer viel Platz neben ihm, wenn man nur genügend dünn und schmal und schwach und klein – aber dies, Mademoiselle, wird Sie kaum interessieren. Vielleicht sagt es Ihnen aber etwas, wenn ich anfüge, daß aus Vaters fleischigen Ohren mächtige Haarbüschel wuchsen. Diese Büschel schnitt er unter keinen Umständen ab, denn er liebte es, seine behaarten Finger in diese Büschel zu stoßen und darin herumzugrübeln, so daß sich Finger- und

Ohrenhaar zu einem einzigen großen Büschel vereinten. Den gelbbraunen Schmalz, den er diesem Büschel zu entlocken pflegte, streifte er, nachdem er ihn ausführlich von allen Seiten begutachtet, sorgfältig an seiner eng geschnürten Hose ab. Mit Vorliebe streifte er beim Essen über seine eng geschnürte Hose.

Daß mein Vater mich gehaßt oder nicht gemocht hat, kann man nicht sagen: ich war ihm egal. Seine Gleichgültigkeit war wohl eher ein Ausweichen, ein Unvermögen, eine merkwürdige Scheu vor dem eigenen Blut. Wenn ich etwas von ihm wollte, wimmelte er mich meist mit einem strengen Metzgerblick ab. Manchmal brummte er auch irgend etwas Buschiges in den Raum hinein, machte eine fahrige Geste dazu oder überhörte ganz einfach meine Frage, um dann über etwas anderes zu sprechen, was ihn, nicht aber mich interessierte. So habe ich früh gelernt, mich zu verachten. Noch heute kommt es vor, daß man mich bei Gesprächen einfach überhört und nicht beachtet, ja, daß ich mich selbst einfach überhöre und mich nicht beachte. Wenn ich am frühen Morgen zum Beispiel nach der Arbeit mit meinem Taxi nach Hause fahre, dann kann es durchaus sein, daß ich den Wagen plötzlich wende und wie ein Verrückter in die entgegengesetzte Richtung rase.

Damals aber hatte ich noch kein Steuer in der Hand und saß dünn und klein am Tisch, saß still und stumm am Tisch, saß übergangen am Tisch und hätte weinen können oder schreien oder schlagen. Heute kann ich Vater im Grunde ja durchaus verstehen: Was konnte er dafür, daß ich sein Sohn, sein so anders gearteter Sohn, was konnte er dafür, daß er so groß und stark und breit und ich so fein und klein?

Nein, Vorwürfe mach' ich ihm keine. Außer beim gemeinsamen Mittagstisch aber berührten sich unsere Wege, unsere Welten kaum; und auch seine geringe Hoffnung, daß ich sein Geschäft einmal übernehmen würde, hatte ich durch meine außerordentliche Ungeschicklichkeit im Umgang mit Messern und Beilen, meinem großen Geschick, mir tiefe, blutige Wunden zuzufügen, schon früh zerschnitten. Wie traumverloren starrte ich dann auf meine quellende Wunde, auf das lebhafte Strömen des Blutes und fühlte Glück, seltenes Glück. Daß ich nicht in seine Fußstapfen, seine großen schwarzen Stiefel treten wollte, hat Vater nie verstanden. So wie er mich eigentlich nie verstanden, sondern meist nur fremd daneben gestanden; ein einziges Mal die steife Zärtlichkeit seiner mächtigen Fleischerhände zu spüren, ein sanftes Streifen oder Streicheln seiner buschigen Finger über mein Haar zu erhaschen, dies blieb mir zeit meiner Kindheit versagt, und als ich dann später das Studium abbrach und Taxifahrer wurde, blieb mein Traum vom Traum für immer ein Traum: das verzieh er mir nie.

Doch verzeihen Sie, Mademoiselle, ich schweife ab, Ihre Fragen zielten in eine andere, wenn auch nicht ganz andere Richtung: ich komme darauf zurück. In jenem lauten Sommer also begab es sich, daß Mutter verreiste, ihre Schwester, welche an einem entfernten Ort im südlichsten Zipfel des Landes wohnte, zu besuchen, so daß Vater und ich mit Marie, unserem Laden- und Hausmädchen, alleine zurückblieben. Ich kann mich noch gut an Mutters Abschied erinnern, an meine stille Trauer, meine Tränen, Mutters Taschentuch und Vaters ausgelassene Stimmung – was waren schon zwei Wochen? Ich hoffte, daß diese zwei Wochen möglichst schnell vorübergingen, hoffte, daß Vater und ich uns irgendwie zusammenrauften, er wenigstens für die Zeit von Mutters Abwesenheit seine Reserviertheit etwas abstreifte und wir zumindest vorübergehend eine Art Gemeinschaft bildeten, nicht gerade eine verschworene vielleicht, aber doch eine einigermaßen erträgliche.

Fürs erste erweckte Mutters Abreise unser Verhältnis tatsächlich auf ganz erstaunliche Art und Weise, Vater war ungewohnt gesprächig, umgänglich beinahe, und schnitt, gut gelaunt im Laden stehend, das Messer hart an den Fingerkuppen vorbeischnellend, Wurst auf, um mir immer wieder den einen oder anderen Kringel zuzuwerfen. Voller Wehmut erzählte er dann von seinen Dienstzeiten, zeichnete ein schillerndes Bild seines zurückliegenden Soldatentums, erfand Geschichten voller Kühnheit und Abenteuer, während er mit einem kleinen Beil schnell und geschickt in Knochen und blutwarmes Fleisch hieb, so daß mitunter ein Fleischfetzchen absprang und mit leisem Klatschen an der weiß geplätteten Wand hängenblieb. Als mich Vaters Augen und Lippen losließen, sprang auch ich ab, denn ich wollte nicht in seinen Dienstgeschichten hängenbleiben, hatte ich doch schon als Kind eine tiefe Abneigung gegen alles, was grau und laut. Noch heute zucke ich zusammen, wenn mir irgendwo unverwandt Soldaten begegnen oder wenn mich jemand in scharfem Ton zurechtweist. Meine gehörige Empfindlichkeit läßt mich manchmal selbst bei Stille plötzlich zusammenfahren. Doch ich schweife wieder ab, Mademoiselle, verzeihen Sie mein Gerede.

Zügig also vergingen die Tage, nichts Nennenswertes ereignete sich, ein Kringel da, eine Geschichte dort, und ich war froh, daß alles gar nicht so schlimm. Dann kam jene Nacht, die ich nicht vergessen kann. Ich konnte nicht schlafen. Weiß der Teufel, warum; den ganzen Tag über war ich herumgestrichen, im Hafen und im Quartier herumgestrichen, war müde und erledigt, meinen Schlaf aber fand ich nicht. Ich wälzte mich im Bett herum, drehte und wälzte mich hin und her, versuchte mir die Schnellstraße vorzustellen, das rasende Auto, aber was mich sonst binnen Kürze ins Reich der Träume beförderte, brachte in dieser Nacht nichts, absolut nichts. Nach Mitternacht war's, ich hatte längere Zeit an die Decke gestarrt, den Wasserflecken fixiert, als ich plötzlich aufstand, das Fenster öffnete und mir das volle, weiße Rund des Mondes entgegenleuchtete. Wolken zogen über ihn her, gaben ihn wieder frei, der Hinterhof in fahles Licht getaucht. Plötzlich hörte ich ein Flüstern, ein seltsames, mir irgendwie vertrautes, zugleich fremdes Flüstern, welches mich eigentümlich berührte. Ich zuckte zusammen. Dann lehnte ich mich aus dem Fenster hinaus und horchte – ja, da hörte ich es wieder, dieses Flüstern, aus dem Schlachtraum kam es, einen Stock tiefer, ein Wispern, kurz nach Mitternacht. Angst packte mich, Aufruhr, Erregung. Stille, kaum vernehmbare Stille. Dann kam es wieder, dieses Tuscheln, und ich spitzte meine Ohren, spitzte und spitzte und spitzte, und endlich erkannte ich es, dies Tuscheln: es war das Tuscheln meines Vaters, ich hörte ihn tuscheln, wie ich ihn noch nie gehört, nie tuscheln gehört, und nun tuschelte er, und fremd war mir dieses Tuscheln, so fremd, daß ich mich fragte, warum er denn so tuschelte, nach Mitternacht im Schlachtraum tuschelte, was gab es da zu tuscheln? Doch nach Vaters Tuscheln hörte ich ein zweites, ein weiteres Tuscheln, hörte ein Tuscheln, welches die Antwort auf Vaters Tuscheln, ein, wie mir schien, weibliches Tuscheln, und tausend Gedanken tuschelten mir durch den Kopf, und dann ging mir ein Licht auf, Mademoiselle, Sie verstehen, ein Licht, und Marie kam mir in den Sinn, natürlich, Marie, das Mädchen, die vollen Lippen des Mädchens, es war das Tuscheln der vollen Lippen des Mädchens, Maries Tuscheln, welches Vaters Tuscheln für einen Moment zum Verstummen brachte, um dann selbst auch zu verstummen, das Tuscheln der vollen Lippen des Mädchens, und wieder Ruhe einkehrte im Schlachtraum. In meinem Kopf aber drehten sich die weißen Wände des Raumes, ich sah die Stahlhaken kreisen, Stille wirbelte auf, wirbelte umher, Tierköpfe, Schweineherzen, da hob es plötzlich wieder an, das Tuscheln, das Tuscheln meines Vaters, worauf auch Maries Tuscheln wieder anhob, und das Vatertuscheln und das Marietuscheln sich vermengten, sich zu einem einzigen großen Tuscheln vermengten, nicht so laut, daß ich etwas hätte verstehen können, Mademoiselle, nicht so laut, aber immerhin vernahm ich dieses eine, große Tuscheln, dieses Vatermarietuscheln, dieses Marievatertuscheln, und verspürte ein seltsames Gefühl, Sie verstehen, Mademoiselle, ein seltsames Gefühl. Dann wurde es plötzlich lauter, dies Tuscheln, wurde lauter, ja beinahe ein Keuchen, ein Stöhnen wurde es, und ich hielt es nicht mehr aus in meinem Zimmer und kletterte auf den Sims hinaus, faßte die Dachrinne rechts vom Fenster und rutschte langsam hinunter, in den Hof hinunter, um zu schauen, was da los war, in diesem Schlachtraum, nach Mitternacht, was das sollte, dieses Tuscheln, dieses Keuchen, dieses. Wie wild schnellte mein Puls, als ich unten im Hof stand, Angst, Erregung, Neugier. Vorsichtig schlich ich unter das halboffene Schlachtraumfenster, duckte mich, erschrak über mich selbst, meine Unerschrockenheit, meine Neugier, meinen Aufruhr – ich rührte mich nicht. Dann nahm ich allen Mut zusammen und wagte den Blick hinein. Im fahlen Licht sah ich die Schemen geschlachteter Schweine, die Hinterbeine auf scharfe Haken gespreizt, sah die Schatten abgesägter Tierköpfe, Eingeweide, Lungenflügel, Nieren, weiter hinten einige abgezogene Felle, näher bei mir eine Tonne voller Knochen. Dann erkannte ich, in der Mitte des Raumes auf der großen Schlachtbank, die Umrisse meines Vaters, sah wie einen Schatten diese Umrisse, die sich seltsam hin- und herbewegten. Unter seinem Körper lag etwas, irgendein Klumpen Fleisch lag da unter ihm, ein Klumpen, auf dem er sich hin- und herwälzte und keuchte. Fassungslos starrte ich auf die Szene. Marie, dachte ich entsetzt, Marie, Donnerwetter, was keuchten die beiden da auf der Schlachtbank, wie verschlungen die beiden miteinander, was für ein Schnaufen und Stoßen und, Donnerwetter, die bringen sich um, die würgen sich, schlagen sich, wollen sich töten, die wollen sich, und ich schrie, Mademoiselle, ich schrie, was das Zeug hielt, »Hiiiiilfee!« schrie ich und noch einmal »Hiiiiilfee!«, und da verebbte das Stöhnen plötzlich, und ein Fluchen kam aus dem Schlachtraum, ein Fluchen, wie ich es noch nie gehört, ein unsägliches Fluchen, ja ein Brüllen geradezu, ein Brüllen, welches mir galt, mein Name in den Hof gebrüllt, und ich duckte mich und stand auf und rannte und versteckte mich hinter Kübeln, der Mond voll, aber schon stand Vater groß und breit und wütend im Hof und brüllte meinen Namen in die Nacht hinaus, daß ich zusammenzuckte, wie vom Blitz getroffen zusammenzuckte und hinter den Kübeln hervorkroch, und dann sah er mich an mit seinen ernsten, dunklen Augen, seine Brauen noch dichter und buschiger als sonst, sah mich an und hieß mich ganz ruhig in die Stube steigen, hieß mich in einem Ton in die Stube steigen, daß es mir durch Mark und Bein fuhr, so ruhig der Ton, so unheimlich, so, und ich wußte nicht, warum, hatte doch nicht, Sie verstehen, Mademoiselle, aber zitternd gehorchte ich, schweigend stiegen wir in die Wohnung hinauf, in die Stube mit den Perserteppichen, und dann setzte sich Vater auf das Sofa und hieß mich vor ihm hinknien, vor ihm auf den Teppich knien, hieß mich die Arme ausstrecken, nach vorne strecken, und ich kniete und streckte und kniete, aber er schlug nicht, Vater schlug nicht, Vater schwieg und starrte, starrte mich an, und ich begann zu heulen, jämmerlichst zu heulen, Vater aber schwieg und starrte, ewig, starrte, und ich kniete und streckte und heulte, und getraute mich nicht, die Tränen abzuwischen, getraute mich nicht, Sie verstehen, Mademoiselle, und Schmerz zog in meine Arme, rasender Schmerz, und ich heulte und schluchzte und, aber Vater schwieg und starrte und schwieg, keine Regung, kein Erbarmen, nichts, nur Starren, und ich heulte und streckte und, aber alles still, Vater still, das Universum still, und Vater schwieg, Gott schwieg, schwieg schwieg schwieg, bis ich nicht mehr konnte, einfach nicht mehr konnte und in mein Zimmer rannte, aufs Bett kroch und vor Schmerz nicht mehr weinen konnte, Sie verstehen, Mademoiselle, nicht mehr weinen, und seit jener Nacht bin ich der verlorene Sohn, bin der verlorene Sohn, habe meinen Gott verloren, habe Gott verloren und kann ihn nicht mehr finden, an keinem Ort, nirgendwo, verschwunden, verloren, zerschwiegen, Sie verstehen, Mademoiselle, und ich suche und fahre und suche, aber ich kann ihn nicht finden, nie finden kann ich ihn, weg ist er und weg bin ich, und alles Suchen umsonst, Mademoiselle, alles Suchen umsonst.

Später, als Mutter zurückkehrte von ihrer Reise, schwieg ich, schwieg wie ein Grab, schwieg, wie auch Vater schwieg, wie Marie schwieg, wir alle schwiegen, und alles war in Ordnung, Mademoiselle, alles in Ordnung. Kurz darauf dann mußte Marie gehen, ich weiß nicht, wohin sie ging, das Schweigen aber blieb. Später erzählte mir Mutter, daß sie in Paris eine Tochter zur Welt gebracht hätte, mehr aber erzählte sie nicht und auch ich erzählte nicht mehr. Ich hatte Angst vor Vaters Augen, Vaters starrem Blick und schwieg. Ob sie wußte, weiß ich nicht, wie ich vieles nicht wußte, was ich gern gewußt hätte, aber zu feige war ich, Mademoiselle, zu feige, zu fragen, um zu wissen. Nun aber ist es zu spät.

Als Mutter starb, dauerte es nicht lange, und auch Vater folgte ihr, gekrümmt vom Schmerz. Er hatte seit zwanzig Jahren zum ersten Mal Urlaub gemacht, um in Barcelona einen Bekannten zu besuchen. Er, der nie gereist war, er, dessen Leben nur Pflicht und Arbeit. In Wirklichkeit war er verreist, um in der Ferne zu sterben. Sein Tod war nicht nur eine ungeheure Erleichterung für mich, sondern auch ein ungeheurer Schmerz, eine kaum zu tragende Bürde. Als man mir in Spanien die Urne mit der Asche meines Vaters in die Hand drückte, war ich ganz außer mir, alles verschwamm, Leben und Traum, Liebe und Tod, Türen und Gänge, die Portalfigur meines Lebens in einem Gefäß in meinen Händen. Ich trug das schwarze Gefäß an den Passanten vorbei durch die Geschäftsstraßen von Barcelona, Plaça de Catalunyia, Las Ramblas, Carrer de Boqueria, irrte durch diese hektischen Straßen, Leute, Busse, Business, Shopping, Vater unter dem Arm, und ganz merkwürdig war mir, Mademoiselle, ganz merkwürdig. Die Urne in eine Plastiktüte zu stecken, wäre mir nicht in den Sinn gekommen, so durcheinander war ich. Am Portier meines Hotels vorbei schlich ich auf mein Zimmer. Dort stellte ich Vater auf den Tisch neben die blaue Vase und wußte nicht, was ich tun sollte. Ich konnte kaum atmen vor Aufregung, Trauer, Beschämung. Dann stellte ich Vater auf das Fensterbrett, damit er noch etwas sähe, etwas vom Leben sähe, dann auf den Boden, ins Badezimmer und schließlich in den Schrank, weil ich das Gefühl hatte, daß er mich anstarrte, mich aus der Urne vorwurfsvoll anstarrte. Die Nacht war lang und schrecklich, meinen Schlaf fand ich nicht; immerzu mußte ich an jene Nacht denken. Ich holte die Urne aus dem Schrank hervor und stellte sie auf das Sofa, kniete davor nieder und starrte und heulte, heulte über all die vertanen Möglichkeiten, heulte. Plötzlich mischte sich ein Tuscheln in mein Heulen, Mademoiselle, sanft und leise ein Tuscheln, unverwandt, ein Tuscheln aus der Urne, wie es schien. Nie hatte ich Vater verstanden, ich spitzte die Ohren und horchte, aber auch jetzt verstand ich ihn nicht, wie er in der Urne lag und es daraus tuschelte, und ich kniete auf dem Teppich und starrte und hörte es tuscheln und schwankte zwischen Angst, Unterwerfung, Aufruhr. Schließlich packte ich die Urne und verließ mitten in der Nacht das Hotel. Ich eilte zum Meer, der Mond war voll und warf sein fahles Licht auf den verlassenen Strand. Ich drehte und wendete Vater in meinen Händen, wußte nicht, wohin mit ihm, wußte nicht, die Wellen fluteten und fluteten, und es hämmerte und klopfte in mir wie in jener Nacht. Dann warf ich ihn ins Meer. Denken Sie nicht, daß es Haß war, Mademoiselle, denken Sie nur das nicht. Ich liebte meinen, Ihren Vater, liebe ihn immer noch, denke oft noch an ihn, sehr oft. Nur sein Tuscheln, Mademoiselle, Sie verstehen, nur sein Tuscheln.

Gelb

»Durch eine geringe und unmerkliche Bewegung wird der schöne Eindruck des Feuers und Goldes in die Empfindung des Kotigen verwandelt und die Farbe der Ehre und Wonne zur Farbe der Schande, des Abscheus und Mißbehagens umgekehrt...«

Johann Wolfgang von Goethe, *Farbenlehre.*

Amarillo liebte Fußball, Kant und Birnentorte. Er sprach wenig, und wenn, dann abgehackt, unzusammenhängend und konfus. Seine Sprache war die Pause. Seine Gedankengänge rissen immer wieder unvermittelt ab; kein Ausdruck war ihm vertrauter als das Schweigen. Amarillo war sechsundzwanzig Jahre alt, als er aus der Heilanstalt *Pera del Sasso* entlassen wurde und sein Philosophiestudium wieder aufnahm. Wiewohl wöchentlich noch eine Sprechstunde bei seinem Psychiater anstand, fühlte er sich frei, so frei zumindest, wie sich ein Kanarienvogel fühlt, wenn er den Käfig verläßt und auf die Fensterscheibe prallt.

Beim Gehen reckte er den Kopf vorrückvor wie eine

Taube. Er stolperte häufig. Sein Gleichgewichtssinn, seine Balance schien auf eine merkwürdige Weise derangiert. Lief man eine Strecke neben ihm, so hatte man jederzeit mit einem Schwanken, einem Stützen, einem Sturz zu rechnen.

Die Krümel, welche das Leben dem Schwankenden hinwarf, nahm er meist nicht wahr. Wenn doch, pickte er mit einer erstaunlichen Perfektion daneben. Die Brocken, welche das Leben ihm vorenthielt, sah er nur allzu gut. An diesen Brocken orientierte er sich, und seine Zunge hätte jeden umgebracht, welcher ihm diesen Schmerz hätte nehmen wollen.

Überhaupt war der Schmerz das einzige, worin er sich wirklich auskannte. Der Schmerz, der ihm im Kopf surrte wie eine unter Hochspannung gesetzte Transformatorenstation: dumpf und monoton. Der Schmerz, der wie ein Insekt durch seine Hirnwindungen flog und kroch und dröhnte und stach: martialisch und ohne Einhalt zu gebieten. Der Schmerz, der sich wie ein unbekanntes Virus in der Hirnrinde festsetzte und nun das Stammhirn ins Visier nahm: mit allen Wassern gewaschen und gegen jedes Mittel gefeit. Der Schmerz, der so scharf war, daß er ihn nicht mehr spürte, daß er nicht einmal mehr sich selber spürte: keine Fragen mehr, keine Wünsche, kein Gedanke, keine Regung, kein Hoffen, kein Bangen, kein Aufflackern, nichts, alles nichts, das Herz verlassen, die Hirnschale ausgeräumt. Alles war ihm einerlei, alles monochrom, das Leben, der Schmerz, der Tod, alles war eine Sphinx, vor der er kapitulierte, ein Rätsel, welches er nicht verstand, welches sich nur selber lösen konnte, sich aber nicht von selber löste. Gelbschwarz, Amarillo, ist die Wespe, und schwarz des Lebens goldner Traum.

Schlank und schmal, unbehaart, Amarillo, ist die Wespe. Du spinnst, sagst Du, und ich sage: Sieh, wie sie ihr Nest webt, die Wespe, sieh die Wabe, sieh das feine Geschick, das Talent, die Struktur, sieh das zerkaute Holz, die Zellen, die kunstvollen Sechsecke, sieh die perfekte Statik, die stabile Form, die stimmige Berechnung, sieh die Königin, die Drohnen, die Weibchen, sieh die Larven und Puppen, die Eier, sieh die Wärme der Weibchen zu ihrer Brut, ihre Liebe, die Sorge, die Milde, die Pflege, sieh die vorgekauten Insekten, die erjagten Fliegen, die erbeuteten Mücken, sieh das mütterliche Füttern, die Sanftheit, den Nektar, den Zucker, sieh, Amarillo, wenn Du Augen hast, die langen Beine, den taillierten Leib, die gläsernen Flügel, sieh die tiefliegenden Augen, die Dir aus schwarzer Nacht entgegenstarren, die Fühler, welche Deinen Atem spüren, welche Dich spüren, Dein Wesen, Dein Leben, Deine Seele, sieh die Männchen, die harmlos in der Gegend herumfliegen, Pazifisten, Nachtwächter, Tagträumer, sieh die Waffe der Weibchen, den spitzen, stolzen Stachel, hart, kompakt und keine Widerrede duldend, sieh das Gift, die Essenz, den *Spiritus mortis,* sieh, plötzlich, unvermittelt, ohne Warnung der Reflex, der Stich, sieh, Amarillo, wenn Dir noch nicht schwarz ist vor Augen, die Farbe des Vergessens:

Unmöglich zu vergessen Deine Jugend. Unmöglich zu vergessen dieser Ton, dieser Hauch, dieser Duft: Vanille. Vanille in den Ohren, Vanille im Herzen, Vanille im Bauch. Aromatisch, süß, angenehm. Wie ein frisch gebackenes Biskuit lagst Du möndern auf dem Küchentisch und strahltest in die Welt hinaus. Mutter verwöhnte Dich mit Kartoffelstock und Birnentorte, machte Dich bekannt mit Ei und Mehl und Zucker, machte Dich überhaupt bekannt mit dieser Welt des Puders und des Pulvers und drückte Dich sachte an ihre Mandelschalen. Schoten sprangen auf und wollten Dich verschlingen, wunderverheißende, warme, fiebrige Schoten, aber Vater nahm Dich fest bei der Hand und mit auf den Fußballplatz, wo er Dich einführte in die Welt des Abseits und Dir immer wieder Pässe schlug, welche Du Dir erlaufen konntest, ohne zu stolpern. Deine Freunde bestaunten Dein Wesen, Deinen Witz, Deinen Charme, Du warst ihnen um Welten voraus, um Vanillewelten, was wußten sie schon von der Staude, von Schoten, vom Verschlingen? Die Mädchen sehnten sich nach Deinem Duft, Deiner Süße, Deiner Blässe, aber viel zu jung, viel zu erfahren warst Du, um daraufhin zu erröten.

Das Nest

Schauspiel in einer Szene

Garten der großen Schote, Mai 1734
HOCHWÜRDEN und AMARILL

HOCHWÜRDEN: Man findet zuhinterst in jeder Zelle ein kleines Ei, welches, um nicht herauszufallen, angeleimet ist. Muttern kriechet öfters in die Zelle, ohne Zweifel, um dem Ei eine gelinde Wärme mitzutheilen und hiedurch das Auskriechen des Jungen zu befördern. Aus dem Ei kömmt ein Würmchen, welches fleißig gefüttert und in ganz kurzer Zeit ein großer, dicker, fetter Wurm wird, der die ganze Kammer ausfüllet. Die gemeinen Wespen bringen die Nahrung nach Hause, welche ihnen von Muttern abgenommen und in kleine Stücke zerkleinert wird. Diese Bröckchen stecket Muttern jedem Wurm in den Munt. Dies geschiehet bei allen so, alle bekömmen gleich viel, außer daß den großen Würmern, aus denen die Weibchen und Männchen schlüpfen, öfters ausgetheilet wird als den kleinen. Kehren Sie nun das Wespennest um und besehen den Eingang der Zellen: Was finden Sie daselbst?

AMARILL: Ich sehe die dicken Würmer, von denen Sie jetzt gesprochen. Da ist einer, der sein Maul aufsperret, er betrachtet meinen Finger als Muttern.

HOCHWÜRDEN: Der hat seit gestern nichts zu fressen bekömmen, es fehlet ihm also nicht an Appetit...

AMARILL: Was passieret aber mit diesen Würmern, die

können doch nicht die ganze Zeit über in diesem fraßhaften Zustande bleiben?

HOCHWÜRDEN: Stimmt. Manche Insekten bleiben über Jahre in diesem Stadium, der Wespenwurm aber nicht länger als zwölf bis vierzehen Tage. Hernach, wenn er voll gerüstet, zerreißt er das Geweb' seiner Zell': erst strecket er den einen Fühler heraus, dann den zweiten. Darauf folget ein Fuß, allgemach kömmt der Kopf zum Vorscheine, nach und nach macht der ganze Leib die Öffnung weit genug zum Durchkriechen, und endlich stehet die Wespe in ihrer ganzen Pracht mit allen gehörigen Gliedern da, trocknet ihre feuchten Flügel, indem sie dieselben mit den Hinterfüßen etlichemale abwischet, und entschwindet sodann auf das Felde, woselbst sie den anderen hülfreich zur Seite flieget und sich mit Geschick auf Blüten und Schoten stürzet.

AMARILL: Wie, ohne Schulung, ohne Unterweisung?

HOCHWÜRDEN: Ohne die geringste: Sobald die Kleinen aus ihrer Zelle kriechen, fliegen sie aus, spielen, summen, stöbern, suchen, schauen, balzen, stäuben, rauben, saugen, kauen, speicheln, bauen, stemmen, sticheln, stechen ...

AMARILL: Donnerwetter!

Und dann, nach der Schule, gingst Du an die Universität und verblüfftest alle, indem Du Philosophie studiertest. Vor allem Kant, immer wieder Kant. Nichts verstanden wir von alledem, was Du sagtest oder schriebst, absolut nichts, aber gerade deshalb warst Du so begehrt, so beliebt, ein schimmernder Bote einer fernen Welt. Eloquent referiertest Du über Paralogismen, Antinomien und Ontologie, über die noologischen Implikationen des Erhabenen, über den kategorischen Imperativ und die transzendentale Dialektik, über Subjekt und Substanz, Bedingtes und Unbedingtes und machtest Deine Professoren Mal für Mal zu dem, was sie nie sein wollten: Statisten, Hochschulbuben, Gelehrtenzwerge. Fichte, Hegel, Schelling, Schleiermacher waren die Farben, in welche Du die Welt tauchtest: mal dunkel, mal hell, mal Safran, mal Pastell. Immer wieder formtest Du fantastische Theoreme über den Schein, den Schwindel, den Trugschluß, immer wieder schienen diese Dich ihrerseits zu gebären, um Dich gleich wieder zu verschlingen, zu verdauen, zu vergessen, und kaum einer ahnte, wie Dein Verstand Dich auf Händen trug, wie Dein Hirn Dich entführte, wie es Dich wegtrug aus dieser Welt der Schoten und der Stauden in ein Land ohne Schicksal, ohne Schatten, ein Land der Herrlichkeit, *Kantland,* weitab von der Blässe des Alltags und der Schrille des Todes, weitab von Vanille, von Wespen und von Pfaffen.

Aber nicht ganz entrückt warst Du unserer Welt, mittags saßest Du wieder bei Mutter, bei Kaffee und Kuchen, Welt und Mandelschalen hatten Dich wieder, mindestens auf ein Stückchen, zurück warst Du aus dem puderlosen Land des Logos, und kaum am Tisch träumten Deine weit aufgerissenen Nasenlöcher schon wieder ahnungsvoll von Vanille und von Schoten. Und dann wurde sie aufgetischt, die *Tarte aux poires Comtesse de Paris,* diese herrlichste aller Torten, diese Torte Deines Vergessens, ein Meisterwerk, *Création des poi-*

res préférées, eine *Grandeur,* welche Dich erröten ließ, Dich wieder rundete und versöhnte, wie ein Sohn saßest Du da, Deine Finger und Deine Zunge an der buttersüßen Gräfin. Was für eine göttliche Schaummasse, was für ein köstlich kuvertürter *Fond de tarte,* was für herrlich blanchierte Früchte: nur die *Comtesse* konnte diesen Klang in Dir anstimmen, nur die *Comtesse* verlieh Dir jenen unaussprechlichen Zungenzauber, jene Magie des allfarbenen Geschmacks. Und trocken, glatt, gelblich ist die *Comtesse,* mit rötlichem Hauch um Stiel und Kelch, Birne durch und durch, nichts von einer Schote, schmelzend, süß, aromatisch, ideal für fruchtige *Crème* und cremige *Glassure,* keine verweichlichte, überzüchtete Mamsell wie die *Josefine von Mecheln,* keine penetrant kleinbürgerliche Nullachtfünfzehnbirne wie die *Gute Luise,* keine nur halb schmelzende, schwach aromatische, mitunter mehlig-rübige *Pastorenbirne,* keine aufgetakelte und pompöse, unter der Schale aber fade und grießige *Madame Verté,* keine empfindliche, schorfbefallene *Butterbirne,* keine kugelige, jungfernfrüchtige, aufgedunsene *Wasserbirne,* auch keine stumpfe, säuerliche, saftlose *Saint Rémy,* nein, eine *Comtesse,* eine *Comtesse de Paris,* Birne ganz und gar, Birne mit Classe, Birne mit Stil, *Poire,* edel, prall, makellos.

Du tatest keinen Mucks. Kein Schrei, kein Fluch, kein Wort, nichts. Wohl spürtest Du den Stich hinter Deinem Läppchen, aber der Schmerz schien flüchtig und Du verzogst keine Miene. Die Schwellung war gering. Stolz lehntest Du kühlende Wickel, essigsaure Tonerde und andere Hilfen ab, souverän gabst Du Dich, spieltest die Sache herunter, spieltest ohne zu murren weiter, und nur ein leichtes Beißen schien Dich etwas zu irritieren. Nein, Deine Stimme war nicht dunkler, nicht wirklich dunkler, als man Dir am Spielfeldrand Hilfe anbot und Du dankend ablehntest, nur unmerklich anders schien sie, kaum wahrnehmbar anders, unbedeutend gewiß und zweifellos nur Einbildung. Denn auf Deinem Gesicht lag ein entspannter Ausdruck. Nur Deine Lippen schienen seltsam bewegt, schienen ahnungsvoll zu beben, suchten irgendwo in der Ferne einen nicht zu findenden Halt.

Und dann trafst Du plötzlich nicht mehr, trafst das Tor nicht mehr. Dreiundzwanzig warst Du, und plötzlich flogen Dir die Bälle um die Ohren. Was aber war Real ohne Dich? Nichts. Längst vergessen war der Stich, längst vergessen die leichte Schwellung, da sprangst Du im Strafraum in aussichtsreicher Position in die Höhe, setztest zum Kopfstoß an, hingst in der Luft und trafst den Ball nicht. Immer wieder stiegst Du nun hoch und verfehltest das Leder, fielst über Dich selbst, fielst, über Ball und Gegner, vergabst Chance um Chance, schoßest allein vor dem Torwart daneben, provoziertest den Schiedsrichter mit Schwalben, dribbeltest Dich schwindlig, verlorst jeden Ball, jedes Laufduell, jeden Zweikampf, standst im Abseits, ständig im Abseits, begingst unnötige Fouls, trugst ein zu großes Trikot, zu enge Schuhe, zu weite Hosen. Nein, der Trainer fluchte nicht, er wechselte Dich aus. Zum ersten Mal in Deinem Leben wurdest Du, der unbestrittene Star der Mannschaft, ausgewechselt und Du verstandst die Welt nicht mehr und hattest Tränen in den Augen und Schmerzen im Kopf und verschwandst wortlos und enttäuscht unter der Dusche. Dann saßest Du auf der Bank. Hinter den Kulissen fielen böse Worte. Ende Saison zogst Du die Konsequenzen und gabst Deinen Rücktritt. Man dankte Dir für Deine Verdienste.

Enzephalographie, Audiometrie, Kranialtomographie, dies waren die Methoden, mit denen die Ärzte in *Pera del Sasso* Deine rätselhafte Störung untersuchten. Anfangs nur das Gleichgewicht, nur die Balance affizierend, griff die Krankheit mehr und mehr auch auf andere Bereiche über, Du warst verwirrt, unsicher und littest unter eigenartigen Absenzen. Vorderhand bliebst Du zur Überwachung in der Klinik. Die verabreichten Medikamente taten allerdings keine Wirkung, im Gegenteil, Du schienst immer entfernter, immer diffuser, immer beklommener. Gespräche waren kaum mehr möglich oder nur mit äußerster Geduld, denn meist verlorst Du nach wenigen Worten den Zusammenhang: Du sprachst in Fetzen. Auch Dein Schlaf war zerrissen, zerrissen vom Hämmern, Dröhnen und Spalten in Deinem Kopf.

Aber aus den Rundungen Deiner Birne sprossen Träume, Gräfinnenträume, Pastorenträume, Mutterträume, Mandelschalen drückten Dich ins Land der Sehnsucht, ins Land der zitternden Sterne und der bebenden Blumen, ins Land der zärtlichen Vulkane und der schmiegsamen Wolken, da öffnete sich plötzlich der Boden unter Dir, wie eine Klappe öffnete sich der Boden unter Dir, und Du fielst, fielst in eine riesige Schote aus dunkler, fester Erde, und kaum warst Du in der gigantischen Frucht, da schloß sie sich wie eine Lotosblüte, kein Licht, kein Schatten, keine Sterne, nichts, alles dunkel, die Luft stickig, dünn, dumpf, Atemnot blähte Deine Lungen, Schnaufen, schweres Schnaufen, Schreie, schwarze Schreie, aber die Erdfrucht zog sich immer enger zusammen, sog Dich immer tiefer in sich hinein, gnadenloses Pressen, Drücken, unerbittlich, da flogen Dir unvermittelt Wörterbücher in den Mund, alte, gewaltige Wörterbücher, und gleichzeitig sprachst Du in allen Sprachen der Welt, und schwiegst, warst gezwungen zu sprechen und zu schweigen, kein Entkommen, kein Kommen, kein Gehen, die Sonne ewig dunkel, und nur ein spärliches Rinnsal aus Urin hörte Dein Sprechen, und die kräftigen Schotenwände drückten Deinen Kopf in das Rinnsal, und Du wurdest stumm und schwarz und gelb, und als Du Deinen Kopf befreien konntest, begann es zu dämmern, Dir und der Schote und der ganzen Welt, und Du sahst im Spiegel des Rinnsals Monet, Van Gogh und Toulouse-Lautrec in Windeln, in vollgeschissenen Windeln, doch Du kämpftest weiter, tief im Inneren der Schote kämpftest Du weiter, sehntest Dich nach mehr Licht, nach Sonne, nach Sternen, aber der Tunnel schien endlos, Wände, nichts als Wände, Du wolltest hinaus, für immer hinaus, da kam Werther auf Dich zu und wollte Dich umarmen und küssen und Dir von Lotten erzählen, aber Du flohst, flohst über Berge von Schmalz, links und rechts und unten und oben nur Schmalz, kein Fluß, kein Baum, kein Stein, nichts, nur dunkler Schmalz, und die Höhlung immer enger, immer enger und heißer die Höhlung, Hitze,

Schweiß, Erschöpfung, da, plötzlich, eine Weggabelung, aber Du wußtest nicht, in welche Richtung, denn der Wegweiser war vergilbt, alles, die Schrift, der Pflock, die Erde war vergilbt, auch Deine Seele nur noch Gilb, alles Gilb, da gingst Du rechts und kamst ans Ende der Schote, wo ein mörderisches Feuer fauchte, alles versengend, alles verschlingend, alles gebärend, ein Feuer, gespiesen aus Neid, Eifersucht, Wahnsinn, und es loderte die Galle und es glühte der Haß, und nur Deine Tränen konnten diesen Irrsinn löschen, nur Deine Tränen, aber Du konntest nicht weinen, konntest einfach nicht weinen, Verzweiflung, keine Träne, keine Regung, nichts, da nahm es Dich bei der Hand, das Feuer, und Du brülltest wie ein aufgespießter Stier und rissest Dich los und wurdest wieder gepackt und starbst.

Aus der Lampe wuchs Dir der Wahnsinn entgegen: Mutter hieltst Du für eine Prostituierte, mich für einen Schnapsbrenner. Dunkel, grelles Dunkel. Hirnfinsternis. Deine Ärzte sprachst Du mit Hochwürden an, Dich selbst nanntest Du Comte. Dann saßest Du schwarzblütig am Tisch oder lagst wie ein zusammengekauerter Fötus fiebrig auf dem Bett: unansprechbar, apathisch, weggetreten. Es war Dir gleich, wenn man Dich mit Valium vollpumpte. Und immer wieder EEG, EMG, CCT: aber nichts fanden die Neurologen, absolut nichts. Kein Morbus Ménière, kein Lermoyez-Syndrom, keine Neuropathie. Diagnose: Fragezeichen. Ein Rätsel. Du warst ein Fall. Bange verfolgten wir Deinen schwindelerregenden Niedergang. Wieviel Luft war noch in Deinem Lebensball? Hör Amarillo, ich bin der Knall.

Als Dein Ball wieder einmal vollgepumpt schien und Mutter schon fürchtete, er könnte platzen, da schlichst Du eines Nachts unvermittelt aus der Anstalt und verschwandst. Weiß der Geier, was Dich in jener Nacht gestochen hatte, am anderen Morgen war Dein Bett leer, das Fenster Deines Zimmers weit offen. Niemand wußte, wo Du stecktest. Die Anstaltsleitung war beunruhigt und entschuldigte sich bei Angehörigen und Freunden förmlich für den Zwischenfall. Eine Suchequipe stand schon seit dem frühen Morgen im Einsatz, doch es fehlte jede Spur: Du warst wie vom Erdboden verschluckt.

Und dann, am späten Nachmittag, wir rechneten schon mit dem Schlimmsten, kam der Bauer, welcher in der Nähe einen kleinen Gutsbetrieb führte, ganz aufgeregt in die Anstalt und erzählte von einem jungen Mann, welcher etwas weiter hangabwärts nackt auf einem Baume hocke. Der Bauer, ein inbrünstiger Verehrer der heiligen Madonna von Pera, war ganz durcheinander und redete in einem Zug auf den Chefarzt ein. Wir machten uns sofort auf den Weg. Schon immer hattest Du eine Vorliebe für Fellini gehabt, schon immer eine Neigung, zu verblüffen, einen Hang, Dich exzentrisch in Szene zu setzen. Zu fünft fuhren wir das enge Bergsträßchen hinunter, vorne, auf dem Traktor, ganz aufgedreht, der Bauer, hinten, auf dem kleinen Anhänger, nervös, angespannt und mit bleichen Köpfen, der Chefarzt, ein Pfleger, Mutter und ich. Der Bauer fuhr wie von der Tarantel gestochen, und wir waren froh, als er endlich bremste. Schon von weitem sahen wir den Baum, ja, da saßest Du in der Krone, Deine Kleider unten beim Stamm, Deine Haltung ganz ruhig, ganz unbewegt, ganz Comte. In etwa dreihundert Meter Entfernung hielt der Traktor, möglichst leise versuchten wir, durch das hohe Gras heranzuschleichen, noch hattest Du uns nicht bemerkt, wir schlichen und flüsterten, da, plötzlich, eine Drehung, Du erschrakst, fünf Menschen auf Dich zu, Du nackt auf dem Baum, heftiger Schreck fuhr Dir durch den Leib, Schreck und Scham, Du schwanktest, erst nach rechts, dann nach links, kläglicher Balanceversuch, vergebens, Du fielst, lagst da, sofort eilten wir zu Dir, erste Untersuchung, Herz, Puls, Atem, alles normal, nur der Arm und der Kopf, der Arm wahrscheinlich gebrochen, der Kopf leicht lädiert, leichte Hirnerschütterung, alles nur halb so schlimm, Glück gehabt, alter Baumwandler, wahrscheinlich keine schwerwiegenden Verletzungen, nichts Inneres, die Ambulanz in der Nähe, der Chefarzt zur Stelle, die Mandelfinger auf der Stirn.

Immerhin: Wenig später konntest Du die Klinik verlassen. Du wußtest wieder, wer Du nicht warst und ahntest, wer Du sein könntest, sprachst Ärzte als Ärzte an und Pfaffen als Pfaffen. Immer noch hattest Du starken Kopfschmerz, immer noch sprachst Du abgehackt, unzusammenhängend, konfus, aber Dein Schwanken, Deine Absenzen waren nur noch temporärer Art, Du konntest Dich wieder unter die Leute wagen, konntest Dein Philosophiestudium wieder aufnehmen, konntest Birnen wieder von Birnen scheiden, Gelbstich von Gelb, Vanille von Wahn, schwaches Schimmern, leises Dämmern, hättest noch viel mehr gekonnt, wärest Du nicht.

Aber Du warst. Nach Hause, das wußtest Du, konntest Du nicht mehr – Mandelschalen blieben leer, Kartoffelstock sackte zusammen. Du suchtest eine Bleibe.

Als ich Dich zum ersten Mal am neuen Ort besuchte, war Dir ziemlich elend. Fahl, totenfahl saßest Du im Fauteuil, ein Buch in den Händen, schmerzverzerrt das Gesicht: Du schwiegst. Wie ein gefällter Baumstamm rollte das Schweigen aus Deinem Mund auf mich zu und drohte mich zu erschlagen. Ich wich in Dein Arbeitszimmer. Auf Deinem Schreibtisch Papiere, Arbeiten, Notizen, Zettel, Bücher, Fontane, sieh an, Herr von Ribbeck auf Ribbeck im Amarilloland, Walser, Goethe. Nein, nicht die *Farbenlehre,* sondern die Abhandlung über die Urpflanze. Dazu Bildbände über Insekten, Kruzifixe, Vanilleanbau. Ich hatte Dir eine neue Kant-Ausgabe mitgebracht. Kumm man röwer, rief ich zum Scherz, ick hebb was für Din Hirn. Schweigen. Keine Reaktion. Noch einmal rief ich. Stille. Kein Laut. Kein Amarillo. Nichts. Ich eilte in die Stube und sah Dich gekrümmt und weinend auf dem Boden liegen. Alles in Ordnung? fragte ich erschrocken. Ich, schluchztest Du, ich. Schon gut, sagte ich, schon gut. Bebend hieltst Du meine Hand. Amarillo, sagte ich sanft, was ist los? Schweigen. Finsternis. Das Zittern der Sterne bei Nacht. Was ist los? fragte ich noch einmal. Hör auf, sagtest Du, hör auf.

Napf

Leise und unregelmäßig schlug Dein Herz. Manchmal hörte man es kaum, so leise schlug es. Dann schlug es plötzlich wieder laut und heftig, und man erschrak beinahe, so ungestüm pochte es in Deiner Brust. Meist aber schlug es ganz sachte, schien zärtlich in die Nacht zu klopfen. Ganz dicht preßte ich mich an Dich, versuchte zu hören, zu spüren. Wie schwierig das war, wie schwindelerregend schwierig. Hören. Spüren. Dein Klopfen, Deine Seele, Deine Weite. Wie leicht man sich darin verlieren konnte.

Ich versuchte, mich zu konzentrieren. Ja, da war es wieder, Dein Klopfen. Langsam, leise. Es gefiel mir, wie es so klopfte in Dir. So muß es klopfen, dachte ich. Dann horchte ich in mich hinein, versuchte mich zu hören. Das war wesentlich schwieriger. Endlich hörte ich mein Herz. Schlag auf Schlag. Stoß um Stoß. Eigenartig, wenn man sich so leben hört. Vitalradio. Life-Konzert. Vielleicht, dachte ich, höre ich lieber weg.

Dann schien es plötzlich nicht mehr zu pochen in Dir. Ob ich mich verloren hatte? In Deiner Melodie verloren hatte? Ich suchte mich. Sammelte Dich. Spürte uns. Dein Klopfen, mein Klopfen, unser. Ich wollte hören, wie wir zusammen klopften. An die Welt klopften. Zweiklang. Dreiklang. Einklang. Ein Klang. Für kurze Zeit, zeitlos kurz schlugen wir zusammen, zusammen schlugen wir. Unsere Schläge. Unser Schlagen. Der kurze Augenblick, in dem man aufhört, sterblich zu sein, der kurze Augenblick, in dem man aufhört, zu leben, der kurze Augenblick, in dem man stirbt und aufhört, zu sterben.

Ich schaute Dich an. Um uns jenes Dunkel, welches nichts verhüllt, jene Finsternis, welche Augen öffnet. Pupillen hefteten sich auf das Unsichtbare, rochen Seele, nackte, würzige Seele. Du schienst zu schlafen. Dein Atem ging ruhig. *La dormeuse.* Ein wunderbares Bild. Natürlich wußte ich, daß Du nicht schliefst, nie konntest Du schlafen, wenn Du mit mir zusammen warst, würdest auch jetzt nicht schlafen, doch ich mochte den Gedanken, daß Du für mich schliefst. So muß man schlafen, dachte ich.

Ich schaute und sah. Sah Deine Haut, Deine Brust, Deine Knospen, sah Deinen Geruch, Deinen Geschmack, Deine Wärme; sah die Nacht zwischen Deinen Beinen und den Tag auf Deinen Lippen; sah die Sterne hinter Deinen Lidern und den Nebel auf Deinen Wangen; sah all dies und sah es pochen, sah die Nacht, den Tag, die Sterne pochen.

Als ich genug gesehen hatte, schloß ich die Augen und wanderte mit meinen Händen über Deinen Körper. Sie hatten Zeit. Weil sie Deine Seele nicht halten konnten, hielten sie Deine Lenden. Handlände, dachte ich, Seelenlende. Seelenlände? Sanft lendete ich hin und her, landete da und dort, lundete meine Hände ganz fest an Dich, wußte nicht, ob es wahr war oder nur Lind. Deine Lenden hatten eine Weise erfunden, mich zu fassen, die ich bis vor kurzem nicht für möglich gehalten hätte. Sie lächelten, als sie meine Gedanken spürten. Das Leben, wie einfach es sein konnte.

Dann wanderten sie weiter, die Hände, ließen die Lenden schweren Ballens hinter sich, wanderten rumpfaufwärts, zur Achsel, in die Kuhle zwischen Arm und Rumpf. Die Kuhle. Felder taten sich auf, weite, dunkle Stoppelfelder, die Erde atmete tief, tief und gleichmäßig atmete die Erde, die Sonne sengend, Eule und Uhu im Wald, kein Mensch weit und breit. Ich griff fester in die Stoppelfelder, fester, dann wieder sanfter, die Erde schien zu erschauern, kalter Schauer überrieselte die Erde, leichtes Zucken, leises Flattern, leichtes Jucken, dann zog sie sich zusammen, um sich im nächsten Moment wieder zu strecken.

Plötzlich fiel die große Schale des Schweigens zu Boden und zerbrach in sieben Stücke.

Ich habe Durst, sagte die Erde.

Du möchtest etwas trinken? fragte ich.

Ja, sagte sie.

Was möchtest Du?

Ein Mineralwasser, wenn Du eins hast.

Ich eilte in die Küche und holte das Wasser.

Da, sagte ich.

Hastig ergriff sie die Flasche und trank. Obwohl ich ein Glas mitgebracht hatte, trank sie aus der Flasche, das mochte sie lieber, lieber trank sie aus der Flasche, die Erde, als aus dem Glas. Gierig schüttete sie sich das Wasser in die Kehle: sie soff. Schön, wenn man so saufen kann, dachte ich. Dann, als sie genug hatte, streckte sie mir keuchend die halbleere Flasche hin.

Danke, sagte ich.

Wir waren auf dem Napf gewesen. Um fünf in der Frühe waren wir morgenmufflig aufgebrochen, hatten um sieben hügelgierig das Emmental erreicht und waren an einer gottverlassenen Station aus dem Zug gestiegen. Zwei, drei Häuser, ein Gärtchen, ein Geräteschuppen, nicht mehr. Kein Mensch, kein Wirtshaus, nichts. Die einzigen, die hier ausstiegen, waren wir. Wie kann man hier nur aussteigen, sagte ich, als der Zug wieder losfuhr.

Zu spät. Wir suchten unseren Tag, unseren Weg. Der Wegweiser war vieldeutig. Nie waren wir einem vieldeutigeren Wegweiser begegnet. Gelb schaute er uns an und redete wegweisend auf uns ein. Napf da, Napf hier, Napf dort. Wegwaisen waren wir, Wegweiser er. Er wies in alle Richtungen, wir gingen nach links. Gingen unter dem Bahndamm hindurch, auf Schotterwegen, dann auf einem einsamen, unbefahrenen Sträßchen vorbei an einem leeren Stall, gingen über Wiesen, Bäche, Auen, streiften Felder, Äcker, Brachland: menschenleer die Landschaft. In der Ferne hörte man irgendwo einen Traktor, aber als wir uns näherten, verschwand er schnell im Gehölz. Auch wir traten nun in den tropfenden, noch regenfeuchten Wald, wanderten einem quirligen Bache entlang, kleines Tal, enge Schlucht, wildes

Wachsen, Wuchern, Winden, Ranken, Licht, Schatten, Stille, Schweifen, da schien es plötzlich zu schreien, das Tal, *Stop!* schien es zu schreien, nackter, trutziger Fels, und die Wassermassen schossen über den Trutzfelsen, schossen, stäubten, stürzten darüber hinweg, stürzten ohne zu zaudern in die Tiefe, stürzten in Deinen, meinen, unseren Schoß. Wir schäumten. Das Rauschen des Wassers, das Rauschen der Zeit. Still standen wir da.

Über eine Leiter bezwangen wir den Trutzfelsen, ließen den schäumenden Wasserschoß hinter uns, traten aus dem Bergwald heraus und erreichten nach wenigen Minuten Alp Champenchnubel. Das ganze Emmental schien sich in diesen Namen zu pressen, in diese Buchstaben zu drängen, das ganze Tal schien sich in dieses eine Wort zu drücken, schien sich darin auszudrücken, die ganze Vorsicht, der ganze Stolz, die ganze Behäbigkeit schienen sich darin zu gebären, zu vermehren, zu verzehren: Champenchnubel. *Chnubel* wohl verwandt mit *Knüppel, knorren, knorzen, Knollen, Champen* wahrscheinlich von *Campus*… Knüppelfeld. Klug und knorrig hockten wir auf der Terrasse der Chnubelhütte, löschten unseren Durst mit Birnensaft. Währschafte Holzkrüge, währschafte Tische, währschafter Wirt. Wie die Kühe standen die Kühe da, richteten ihren Blick tumbe auf unseren schwindenden Durst und nickten. Das starre Nicken der Kühe. Ja, schienen sie zu sagen, ja.

Plötzlich rutschte mir das Unsagbare über die Zunge.

Wenn wir auf dem Napf sind, sagte ich, werden wir furzen müssen.

Du lachtest.

Ja, sagtest Du, wenn wir auf dem Napf sind, werden wir furzen: zusammen werden wir vom Napf in die Welt hinaus furzen.

Wir schauten uns an und lachten. Lachten über uns, die Kühe, den Chnubel, die Welt. Dohlen zerschnitten den Himmel. Wolken zogen durch unsere Augen. Dann brachen wir auf. Packten die letzten anderthalb Stunden bis zum Gipfel in den Sack.

Zwüschengreben, Schwesternboden, Chalchgraben, Trimlenalp, Stächelegg. Oder gingen wir über Büechli, Höhstullen, Grüebli, Schwändi? Über Lüderen, Geißgrat, Esel, Hochänzi, Niederänzi? Oder doch via Klopfflue, Vorder Bire, Hinder Bire, Windegg, Champengüggel? Wer weiß das noch, wer will es wissen?

Felder. Und nicht nur Felder. Wald. Wald grün. Wald zapfig. Und nicht nur Zapfen. Auch Grün. Heissgrün, zapfgrün. Und Schweiß. Schweißheiß, Steilschweiß. Und nicht nur Schweiß, nicht nur Schweiß und Grün und heiß. Auch Welt. Welt heiß und grün und steil. Und nicht nur Welt. Auch Napf. Napf heiß und steil und Schweiß. Und Schweiß und Grün und Welt. Und Napf und Napf und Napf. Nur nicht aufgeben jetzt, nur nicht aufgeben.

Erschöpft erreichten wir den Gipfel: die Hitze, die Steile, der Schweiß. Wir keuchten. Wild hämmerten unsere Körper. Wir setzten uns. Schnappten nach Luft, nach Schatten, nach Erholung. Waren müde, knüppelmüde: chnüttu. Dann nahmen wir den Berg in den Mund: Napf. Ein schöner Name für einen Berg. Wir drehten und wendeten das Wort, erkundeten es mit der Zunge, befühlten es mit dem Gaumen, kauten, mampften es: Napf. Dann schauten wir über seinen, unseren Rand hinaus, verzehrten gierig das Panorama: wir aßen Berge. Aßen Himmel, Heu, Horizont. Aßen Wolken, Wiesen, Wälder. Aßen Blumen, Vögel, Felder. Aßen Räume, Bäume, Träume. Aßen ohne Pause, ohne Frage. Tranken Hügel, Höfe, Heimat. Tranken Heimat Heimat Heimat. Mußten rülpsen: zuviel Chnubelsäure.

Dann mischten wir uns unter die anderen Gasthäusler auf der Terrasse. Am Tisch nebenan ein Kind, welches sich genüßlich Pommes frites in den Mund schob. Das Ritual. Das Fassen. Das Begutachten. Das Drehen. Das Staunen. Das Tunken. Das Einschieben. Das Kauen. Der Genuß. Kartoffelstäbchenandacht. Ketchupliturgie. Mampfmysterium. In nomine pommis, friti et spiritus gustandi. Amen.

Möchtest Du was essen? fragtest Du.

Ja, sagte ich, Pommes Frites.

Du bestelltest zwei Portionen und zwei Mineral. Ässe, fraase, framsle, habere, mampfe, mümpfle, mäuele, picke, schnable, spachtle, budle, löte, mämmele, plodere, schöppele, sumpfe, suuffe. Solches und Ähnliches trug sich nun zu auf der Napfterrasse. Links und rechts und vor und hinter uns wurde nun gierig eingestoßen, eingeworfen, eingeschüttet, die Leute pickten und ploderten, was das Zeug hielt, spachtelten und sumpften, daß einem der Appetit verging. Noch hatte ich kaum die Hälfte meines Kartoffelglücks verzehrt, da wurde mir plötzlich übel, da sah ich braun, da krümmte ich mich vor starkem Bauchschmerz. Im Laufschritt rannte ich zur Toilette. Ein Schwarm neugieriger Bergfliegen empfing mich am dunkellochigen Ort. Nur keine Gewissensbisse jetzt! Nur keine Hemmungen, kein Zögern! mahnte meine Seele, Hosen runter! rief der Tower, und ich hatte keine andere Wahl, hatte keine Zeit für Sentimentalitäten, keine Zeit für Fäkalfinessen, wollte nicht platzen, nicht auf dem Napf platzen, wollte nicht in die Hosen, schloß die Augen und hockte widerwillig auf den hölzernen Latrinenrand: Take-off. Fliegen brummten. Brummten in freudiger Erwartung. Dann schissen wir. Schissen, was das Zeug hielt, schissen voll Rohr, meine Seele aus allen Lagen, ich aus allen Löchern, zusammen schissen wir, schissen in auf über unter den Napf, schissen Berge von Scheiße, Napfschiß, schissen, daß die Fliegen verstummten, sich zerstreuten und verwirrt das Weite suchten. Nach kaum fünf Minuten war der Spuk vorbei, meine Seele wieder Seele, ich wieder Mensch. Der Chnubelsaft hatte seine Schuldigkeit getan, der Chnubelsaft war gegangen.

Zurück auf der Terrasse war mir schon wieder wesentlich besser. Die Erde hielt mich, drückte mich. Die Sonne streichelte meinen geblähten Bauch. Der Wind flüsterte mir heimlich tröstende Worte ins Ohr. Da und dort ein Zapfen, welcher mich anzulächeln schien. Am Nebentisch ein Paar schwere, schwarze Nagelschuhe, die sich unverwandt an mich wandten. Breites Grinsen, tief und dunkel die Lederstimme: 'S isch föhnig, me gseht jede Chlack ar Jungfrou.

Ja, sagte ich, ja.

Und in der Tat: Der Föhn, seit der Chnubelhütte unser

steter, stiller Begleiter, bekam langsam Aufwind, strebte auf, begann sich zu regen, zu dehnen, zu strecken, blies und blähte selbstbewußt, sorgte für Bewegung in den Wirts- und Wandererkörpern, machte Wind, machte Würze, streute eine klare, scharfe Note ins mächliche Bernbiet. Nicht nur die Schrunden und Spalten der Jungfrau waren nun deutlich sichtbar, nein, auch die Furchen und Falten der Gasthäusler wurden nun immer tiefer, immer abgründiger, immer gfürchiger. Nur ab und an entwich meiner Mitte noch ein leiser Hauch, *un souffle léger,* sanftes Decrescendo von Darm und Seele, zärtliches Tremolo für Himmel und Erde, doch die Nagelschuhstirnen wurden nun immer düstrer, die Bauernköpfe immer röter, die Wanderernasen immer gerümpfter: Napfluft dick, knüppeldick. Vor dem großen Chlapf zogen wir es vor, langsam aufzubrechen, wir verabschiedeten uns vom Napf, vom Wirt, vom Kartoffelkind. Salü. Dunkelgelbbraune Pupillen verfolgten gebannt unseren Abgang.

Beim Wegweiser wieder das gleiche Problem: Trub hier, Trub da, Trub dort. Wir hierten, daten, dorten, studierten, studaten, studorten, entschieden uns dann für letzteres. Oben auf dem Gipfel aber, so der Schleguhüsichrigu von der Lüderen, sprach man hernach noch lange von den zwei teigigen Windbeuteln, von dem cheibe Pflätterplütteri aus der fernen Fotzelstadt.

Das Bett knarrte. Die Erde hatte sich ganz dicht an mich geschmiegt, hatte sich in mich hineingeschmiegt. Sie schien zu schlafen. Richtig zu schlafen. Sanft stieß ich sie an. Sie schlief tatsächlich. Das erste Mal, daß sie schlief, wenn sie mit mir zusammen war. Eine Träne kullerte mir verloren über die Wange.

Der große Tote warf sein Licht auf uns. Mond, dachte ich zum Fenster hinaus, Mond.

Dann begannst Du im Traum zu reden. Mist, sagtest Du leise, und dann: Hilfe!

Ob ich Dich wecken sollte? Ich ließ Dich.

Was Du wohl träumtest? Ich lauschte Deinen Worten, stellte mir Bilder dazu vor. Stellte mir vor, daß Du in Bedrängnis warst. In einem Auto. Einem Zug. Einem Zimmer. Irgendwo. Stellte mir vor, daß man Dir nachstellte, daß man Dich verfolgte. Dunkle Mächte, welche mir unbekannte Seiten Deines Wesens verfolgten.

Dann klopfte es. Zwei Uhr nachts war es und es klopfte an die Tür. Ich erschrak. Regte mich nicht. Wie eine Mumie lag ich auf dem Laken. Stille auf den Lippen. Spannung zwischen den Rippen. Hielt Dich, Deine Träume, meine Bilder, hörte das Mopfen. Noch einmal klopfte es. Nachdrücklich. Zwei Uhr nachts. Rührte mich nicht, blieb stumm. Draußen leises Fluchen. Schritte, die sich treppab entfernten.

Du schliefst in Deinen Träumen, Dein Atem ging ruhig. Ob ich Dich wecken sollte? Ich ließ Dich träumen.

Plötzlich keuchtest Du und schienst ganz aufgeregt.

Hilfe! schriest Du, Hilfe!

Dann wachtest Du auf. Wußtest nicht, wer wo wie was. Dein Körper bebte, zitterte.

Schon gut, sagte ich, schon gut.

Du erkanntest mich, wurdest ruhiger. Still lagen wir da, die Stille unser Laken. Der große Tote machte Dich fahl. Dann krochen langsam und leise einzelne Worte aus Deinem Mund:

Wenn ich sterbe, flüstertest Du, dann bitte…

Ich fuhr auf.

… bitte halt meine Hand.

Warum, fragte ich entsetzt, warum solltest Du sterben?

Du schwiegst.

Der große Tote schaute mich mitleidig an. Dann packte er seine Sichel und verschwand. Ich preßte mich ganz dicht an Dich, konnte nicht begreifen, nicht verstehen.

Dann klopfte es wieder an die Tür. Mir stockte der Atem.

Seele Mond, Seele Napf, Seele Schiß.

Du hieltst meine Hand.

Doktor Turban

Die Geschichte Doktor Turbans, die wir hier erzählen wollen – nicht um der Geschichte willen, denn der Leser, die Leserin werden eine ziemlich reizlose, um nicht zu sagen fade, ja geradezu geschmacklose Geschichte vorfinden, sondern um Turbans willen, wobei zu Gunsten der Geschichte hier doch angeführt werden muß, daß nicht jede Geschichte von einem solchen Turban getragen wird –, diese Geschichte also ist schon eine Weile her, sie ist mit der Patina der guten alten Zeit überzogen, dem scharfen Parfum moribunder Damen, und die Hand der Erinnerung muß tief unter den Rock der Vergangenheit greifen, um sich der Watte des Vergessens vorsichtig, aber doch mit Nachdruck zu entledigen.

Diese Watte gereicht keinesfalls zum Nachteil für einen Protagonisten wie Turban, Menschen müssen vergessen sein, um Figuren zu werden, gute Figuren in reiz-, ja geschmacklosen Geschichten, je vergessener, desto besser, könnte man sagen, je vergessener, desto strahlender der Erzähler, desto beschwingter der Stift, desto raunender das Beschwören des Vergessenen. Leider steht es jedoch so mit Turban, wie es heute mit den meisten Menschen und nicht zuletzt auch mit den meisten Erzählern steht: er ist viel vergessener, als man denkt. Den Grad seines Vergessenseins verdankt er nicht eigentlich den Menschen, nicht eigentlich der Zeit, sondern an allererster Stelle und in erheblichem Ausmaße sich selbst – eine Aussage, mit der wir die Zweifelhaftigkeit und eigentümliche Paradoxie unseres Protagonisten wie auch unserer selbst sachte, aber doch fühlbar gestreift hätten.

Um aber einen unklaren Sachverhalt nicht mit wohlklingenden Worten künstlich zu erhellen: die beinahe totale Vergessenheit Turbans rührt kaum daher, daß er an einem gewissen, Leben und Tod geheimnisvoll umwebenden Ort gelebt hat... Er lebt, oder, um jeden Schein von heuchlerischer Gegenwärtigkeit aus diesen Zeilen zu bannen, er lebte und hat dort gelebt, an jenem Ort, zu jener Zeit, in welcher so vieles begann und nicht mehr aufhören wollte, zu beginnen. An jenem Ort des Beginnens also hat er gelebt, kurz nach dem Beginn. Aber wir greifen vor. Ist nicht die Abenteuerlust eines Menschen um so schillernder, eindrücklicher und märchenhafter, je näher er dem Anfang, je näher er dem Ursprung steht? Mitunter mag es durchaus zutreffen, daß unser Turban nicht nur mit dem Anfang, sondern auch mit dem Märchen auf geheimnisvolle Art und Weise verbunden ist – doch dies, so scheint es, wäre wohl eine eigene Geschichte, eine, welche kaum an den Anfang gehört ...

Wir werden die Geschichte Turbans auf unsere eigene Weise erzählen, unverfroren und unvollständig – denn wann wäre der Reiz einer Geschichte je abhängig gewesen von der Vollständigkeit, mit welcher sie daherkommt, ja von der Wahrhaftigkeit, mit welcher sie erzählt wird? Als ob man Sinn und Wahrheit ausdrücken könnte! Ohne Furcht vor empörten Zwischenrufen und heftigen Protesten neigen wir der Ansicht zu, daß nur die Lüge wahrhaft unterhaltend sei.

Ein in gewissen Sparten durchaus gebildeter junger Mensch reiste im Frühling von Karlsruhe, seiner Vaterstadt, zur Kur an die Riviera. In San Remo traf er zufälliger-, um nicht zu sagen schicksalshafterweise auf einen gleichfalls lungenaffektierten Arzt, welchem die Chefarztstelle an einem neuen Sanatorium in Davos angeboten war. Auf dessen Empfehlung wurde der junge Mann in die geplante Unternehmung miteinbezogen und, nach eingehender Rücksprache mit den maßgeblichen Financiers, schon bald mit deren ärztlicher Leitung betraut.

Karl Turban – so der Name des jungen Arztes – hatte an der Riviera einige klimatische Studien in Angriff genommen, hatte eine erste Arbeit über das eigentümlich trockene Küstenklima der Riviera di Ponente veröffentlicht, späterhin kürzere Aufsätze über die Dosierung von Medikamenten sowie die erstaunliche Heilkraft feuchtwarmer Wickel; dieser Karl Turban also, Arzt nicht aus tiefster Berufung und Überzeugung, sondern vielmehr aus einem diffusen Gefühl, einer gewissen Orientierungslosigkeit und der drückenden Verpflichtung, sich und seine Familie zu nähren; dieser Karl Turban also wurde zeit seines Lebens, und nicht nur seines beruflichen Lebens, auf fast schon befremdliche Art und Weise von der Krankheit, dem Kranksein regiert. Dieses Regiment, so möchten wir sagen, war hemmend und fördernd zugleich, hart, quälend, aber auch lehrreich; mindestens gebar es in unserem Freunde ein tiefes Wissen um das Leiden, ein Wissen auch um den eigentümlichen Reiz des Morbiden.

Die Kinderlähmung, welche ihn im Alter von zwei Jahren aufs erbärmlichste ergriffen hatte, ließ die Muskulatur seiner rechten Wade, ja seines ganzen rechten Beines auf widerwärtige Art und Weise schrumpfen, so daß er später in der Schule, obwohl ein sportlicher Typ und durchaus ein guter Turner, bei allen Laufspielen mit seinem Schrumpfbein auf der Bank zu sitzen hatte. Die Poliomyelitis war in jenen Tagen noch unerforscht, und die verordneten aromatischen Einreibungen, die Malzbäder, ja selbst die lokalen Elektrisationen zeitigten kaum die gewünschten therapeutischen Erfolge. Auch das Gedächtnis des Knaben wurde von der heimtückischen Krankheit in nicht unerheblichem Maße affiziert, was ihn aber später nicht daran hinderte, das Studium der Medizin aufzunehmen und dasselbige in acht Semestern abzuschließen.

Eine schwere erysipelatöse Infektion, eine Wundrose der übelsten Sorte, nahm ihm dann während des Studiums in Leipzig mit einem Schlage den Wind aus den Segeln und brachte seine diagnostische Ausbildung vorzeitig und abrupt zum Stillstand. Seine Haut, vor allem seine Gesichtshaut war aufs unansehnlichste gerötet und geschwollen, übersät von kleinen, schmerzhaften Blasen;

sein Glied hatte sich wegen verstopfter Lymphbahnen auf ziemlich geschmacklose Weise verdickt, und zu alledem gesellten sich noch starker Schüttelfrost und hohes Fieber. Da ihn das Studium nie wirklich gefesselt, nie richtig begeistert hatte, spielte er in jener schweren Zeit des öfteren mit dem Gedanken, den weißen Kittel an den Nagel zu hängen und sein Leben in neue Bahnen zu lenken. Sein Sinn stand ihm nach Musik, nach Chopin, Wagner und Gluck, nach Kantaten, Sonaten und Motetten, nach Schopenhauer, Buddha und Goethe, nach Kultur; auf diesen Gebieten aber, so wußte er, war sein Talent ein eher dilettantisches und hätte ihn kaum zu Werken befähigt. Doch dieser Drang, Großes, ja Unvergängliches zu schaffen, auf welchem Gebiete auch immer, dieser Drang war tief in ihm drin, und so kehrte er denn, nachdem er von seiner Infektion einigermaßen wiederhergestellt war, nicht ohne Ambitionen, nicht ohne einen gewissen Eifer zurück in die nach Formalin riechenden Pathologiesäle, in die karbolnebelgeschwängerten Operationszimmer der Klinik.

Neben seinem nicht unbeträchtlichen Ehrgeiz wohnte ihm jedoch auch eine gewisse Unentschlossenheit inne, jene Unentschlossenheit, welche ihn nicht selten aufs betrüblichste lähmte und ihm das Lernen gehörig verdarb; doch trotz all dieser Bedrängnisse psychischer wie physischer Natur absolvierte er das Studium dank seiner Gewissenhaftigkeit und seines Pflichtbewußtseins erfolgreich, legte nach den erforderlichen Semestern innert sechs Wochen das Staatsexamen ab, ja erhielt für seine Promotionsschrift *Über kleine Ovarialgeschwül-*

ste gar ein summa cum laude. Von der Tuberkulose, nebst dem Krebs eine der verbreitetsten und gefürchtetsten Krankheiten der Zeit, hatte er als Studiosus wenig bis gar nichts gehört, hatte kaum Fälle gesehen, geschweige denn welche diagnostiziert. Dies sollte sich nun ändern.

In Berlin belegte der frischgebackene Assistenzarzt einen Kurs über Bakteriologie in dem berühmten Kochschen Institute. Diese damals in der Praxis noch fremde, neuartige, aber durchaus vielversprechende Disziplin faszinierte den jungen Mann in einem Maße, daß er weit über die Kursstunden hinaus bis tief in die Nacht zu arbeiten pflegte und sich in der stickigen Laborluft schließlich einen trockenen Reizhusten einhandelte. In diesem empfindlichen, angegriffenen Zustand arbeitete unser Medicus unter der Leitung des legendären Koch an einer brisanten Studie über Choleradesinfektion, eine Unternehmung, welche ihm alles abverlangte und bei welcher er, aus Gründen mangelhafter Vorrichtung, immer wieder mit Chlordämpfen in Berührung kam, Dämpfe, welche nicht nur seinen Hustenanfällen Vorschub leisteten, sondern ihn gänzlich schwächten. So kam es denn, wie es kommen mußte: eines Nachts lag Turban mit schmerzverzerrtem Gesicht und gekrümmtem Leib in dem viel zu großen Hotelbett. Eine starke Blutung hatte seine Lunge erfaßt. Die schleimverkrusteten Schlingen der Tuberkulose hatten ihn gierig umfangen. Aber nicht nur seine Lunge blutete: Augustahospital und Charité waren überfüllt, so daß er auf eisiger Chaussée mitten in der Nacht nach Moabit fahren mußte, wo er in einer Spitalbaracke ein leeres, ungeheiztes Wärterzimmer zugesprochen bekam. Der Wärter war einige Tage zuvor unter nicht weiter geklärten Umständen verstorben, das Zimmer vorsichtshalber umfassend mit Methylaldehyd desinfiziert worden, und so lagerte unser Patient denn nun, nicht ohne Schauern und Wimmern, in dem frisch bezogenen Totenbett. Die Krankheit hatte ihn gepackt, wie sonst kaum etwas in seinem Leben ihn hatte packen können. Ja, er war ein Kranker, und immer wieder formte sich nun in diesem Zustande zwischen den Welten die Frage in ihm, was aus ihm hätte werden können, wäre er ein Gesunder gewesen.

Auf diese Weise fieberte Turban seiner Genesung entgegen, sehnte sich in dem Sterbebett des Wärters danach, baldmöglichst wieder Reise- und Lebensfähigkeit zu erlangen, um sich in der Heimat und später am Meer vollständig und ohne Einschränkung von seinem Leiden zu erholen. Eine Freundin hatte Orangen und Veilchen geschickt, Geheimrat S. kam mit Blumen, und für einmal hatte der Februar die Wolken abgeschafft. Der Barackenhimmel hellte sich langsam auf. Der Rekonvaleszente war nun in einem Zustande, welcher ein Verlassen des Spitals schon bald zu ermöglichen schien. Nach einem kurzen Abstecher nach Karlsruhe trug ihn das Schicksal nach San Remo, wo er beiläufig und ohne großes Ansinnen jenes Gespräch mit besagtem Arzte führte, welches sein Leben entscheidend verändern sollte.

Bevor unser Freund in Davos nun das Sanatorium Turban als erste geschlossene Hochgebirgsanstalt für Tuberkulosekranke eröffnete, benötigte er in nicht geringem Maße weitere Ausbildung und tiefere Kenntnisse in dem von ihm gewählten Spezialgebiet, war doch die Erfahrung der Krankheit am eigenen Leibe sehr eindrücklich und lehrreich, bot aber wohl kaum das notwendige Rüstzeug, um die verschiedensten Formen der Infektion mit einigem Erfolg zu diagnostizieren und zu therapieren. Recht eigentlich wußte Turban kaum etwas von der Tuberkulose, und so verschlug es ihn denn nach Falkenstein in den Taunus, in Dettweilers berühmtberüchtigte Heilstätte für Lungenkranke, welche neben Brehmers Anstalt in Görbersdorf bei betuchten Patienten in aller Munde war: es war die Zeit, in welcher es chic war, auch bei schwachem Hüsteln zu kuren, und in Falkenstein zu kuren, pflegte besonders chic zu sein, hatte Dettweiler doch die passende Antwort auf solches Hüsteln. Seine Auskultation und Perkussion galten als einmalig; seine Sputumuntersuchung und seine psychische Behandlung standen nicht zuletzt auch bei schweren Fällen in einem ganz ausgezeichneten Rufe; zudem hatte er in Falkenstein die Freiluftliegekur eingeführt, welche den Gesundungsprozeß aufs grundlegendste revolutionierte; ja er war nicht wenig gefeierter und umjubelter Erfinder des sogenannten Taschenspucknapfs; dieser Napf, Modell Dettweiler, welcher jederzeit bequem und überallhin mitzuführen war, verbreitete den Ruhm seines Schöpfers unweigerlich im ganzen Lande und sicherte ihm einen unbestrittenen Ehrenplatz in der unvergänglichen *Medical Hall of Fame.* Turban blieb für zehn Tage. Er lernte viel.

Die fünf Wochen bei Koch und die zehn Tage bei Dettweiler waren die Vorbereitung, mit welcher der kaum dreiunddreißigjährige Turban seine Chefarztstelle in Davos antrat. In Falkenstein hatte er gelernt, daß eine medikamentöse Behandlung der Tuberkulose noch nicht existiert, daß es für diese Erkrankung weder ein spezifisches noch ein immunisierendes Klima gibt und daß die Liegekur im Freien keinen geringeren Zweck verfolge als denjenigen, den Kranken durch Disziplin und Diät, durch stete Belehrung und Überwachung, nicht zuletzt auch durch gestrenge Hygiene und eine bis ins letzte geregelte Tagesordnung zu einer Lebensweise hinzuführen, welche ohne Wenn und Aber eine Verbesserung des Allgemeinzustandes mit sich bringe. Zudem hatte er sich Dettweilers Maxime zu eigen gemacht, daß, wo sanfte Gewöhnung ihren Zweck verfehle, Zwang, rückhaltloser Tadel, ja Drohung mit Ausschluß von weiterer Behandlung für die strikte Einhaltung der lebensförderlichen Maßnahmen und Vorschriften zu sorgen haben.

Dieses strenge Regiment, so Turbans Meinung, würde auch in Davos zum Erfolg führen und das durch die verschiedenartigsten Auswüchse und Ausschweifungen nicht unbeträchtlich beschädigte Image des Kurortes wieder auf ein solides Fundament stellen. Es durfte einfach nicht mehr vorkommen, daß man Fiebernde und Blutspuckende auf mehrstündige Bergwanderungen schickte, daß Kehlkopfkranke bei Bierkonzerten im Kurhaus nach Leibeskräften mitgrölten oder daß schwerkranke Damen und Herren in schummrigen Bars einsam oder zu zweit ihren Whisky stürzten und, neben nicht minder angeheiterten Ärzten, sich betrunken der Nacht hingaben. Solcherlei mußte schon an der Wurzel gepackt und unterbunden werden, und die Einführung der neuen, strengeren Prinzipien schien Turban ein geeignetes Mittel, die dringend notwendige Disziplinierung des Kurbetriebes auf schnelle und effiziente Art und Weise in die Wege zu leiten.

Zwar leisteten einige der eben erst eingetroffenen Patienten vor allem gegen die Durchführung der Liegekur bei Frost, Wind und Schneetreiben und auch in den späten Abendstunden nicht geringen Widerstand. Aufgehetzt und angestachelt durch bereits ansässige Kurgäste anderer Sanatorien (und solche schossen in Davos zu dieser Zeit wie Pilze aus dem Boden), warfen sie dem Klinikleiter vor, er sei im Höhenklima unerfahren, mißbrauche sie zu Versuchszwecken, ja quäle sie aufs verwerflichste, sei es aus Gründen wissenschaftlichen Geltungsbedürfnisses, aus Sadismus oder ganz einfach aus purer tiefländischer Dummheit. Solch monströsen Vorwürfen antwortete Turban, trocken und ohne mit der Wimper zu zucken, indem er und seine Frau, wann immer es die Zeit erlaubte, ihre Kamelhaardecken packten und, selbst bei Nacht und Nebel, leibhaftig an der Liegekur teilnahmen. Auf diese Weise zerbröckelte den Ängstlichen die Angst, den Protestierenden der Protest, und als schließlich einige muntere Patienten aus dem Taunus eintrafen, welche sich nicht vorstellen konnten, ohne Liegekur weiter zu existieren, da flammte die Opposition langsam, aber sicher ab, gewann das Vertrauen in den Chefarzt allmählich an Boden, ja mutierte die handfeste Kritik und Ablehnung in einigen Fällen gar zu Euphorie und grenzenloser Bewunderung: Der große Turban! Der große Ruhe-, Liege- und Luftturban!

Der Vorteil des Hochgebirges war ja gerade, daß die Kälte trocken und die Luft dünn war, so dünn, daß selbst Nebel und Schneetreiben die Decken nie in dem Maße naß werden ließen, wie dies im Tiefland oder im Taunus zu geschehen pflegte. Aber nicht nur Trockenheit und Luftverdünnung waren entscheidende Vorteile des Höhenklimas, nein, auch die starke Sonneneinstrahlung, die außergewöhnliche Helligkeit taten das ihre, das Davoser Mikroklima als ein für den Organismus überaus förderliches, gleichzeitig anregendes wie schonendes erscheinen zu lassen. Die üppige Besonnung und der relative Windschutz waren Trümpfe, welche Turban nicht ungern in die Diskussion einfließen ließ, wenn er sich mit Fachkollegen an dem einen oder anderen internationalen Medizinerkongreß über die Einflüße des Klimas auf die Krankheit beriet. Leider schnitt man ihm an solchen Symposien nicht selten das Wort ab, verwies ihn auf die Kongreßakten, ja man belächelte ihn gar zuweilen, weil er nur Kurarzt, nicht Professor war; dies Lächeln verfolgte ihn sein Leben lang, verfolgte ihn bis tief in seine Träume, dies hundsgemeine Grinsen der Professoren, welche ihn bis aufs Blut verhöhnten und verspotteten, dabei war doch alles bewiesen, sehen Sie, meine Herren, hörte er sich sagen, die Erfolgsstatistik meiner Klinik, und er hörte seine Stimme zittern und beben und sah sich vorne am Rednerpult um Luft ringen und zusammenbrechen, der Saal, die Welt ein einziges Gelächter, ein einziges Tollhaus...

Nach solch erdrückenden Alpträumen dürstete es Turban am nächsten Tage gewöhnlich nicht wenig, mit seinen Patienten Seelenarbeit zu treiben. Die psychische Behandlung war ihm zentral und aus tiefstem Grunde ein ganz besonderes Anliegen, betrachtete er sie doch nicht nur als hohe Schule, sondern recht eigentlich als Kunst: die Kunst, mit Vorsicht und Takt über große und kleine seelische Nöte zu sprechen, Depressionen durch väterlichen Zuspruch und sachte, doch bestimmte Hinweise auf die Heilbarkeit der Krankheit schon an der Wurzel anzugehen, ja den Kranken begreiflich zu machen, daß die Kur nichts geringeres als eine Arbeit darstelle, von welcher der Erfolg der Therapie nicht unmaßgeblich abhänge. Eine gewichtige Rolle spielte dabei die Kontrolle: die kurwidrigen, ja gesundheitsgefährdenden Gewohnheiten des Einzelnen waren ohne falsche Scham aufzuspüren, waren mittels Vernunft und Einsicht zu eliminieren, worauf natürlich die strikte Befolgung der erteilten Ratschläge auch wieder zu überwachen war. Für diese anspruchsvolle Aufgabe benötigte es nicht nur eine Legion erstklassig geschulten Personals, sondern auch die unermüdliche, um nicht zu sagen unergründliche Führung Turbans: nicht zu, sondern für seine Krankheit war der Kranke zu erziehen, dies einer der Turbanschen Leitsätze, und diese *educatio morbi,* wie wir sie hier, ohne uns in ein diffuses Licht stellen zu wollen, nennen möchten, diese *educatio* gipfelte zweifelsohne in der imponierenden Husten- und Spuckdisziplin, welche im Sanatorium an der Tages- wie auch an der Nachtordnung zu sein pflegte. Was für ein ergötzliches Bild es doch abgab, als ein hoher deutscher

Regierungsvertreter beim gemeinsamen Mittagstische saß und kein einziger der gegen die hundert anwesenden, mitunter schwerstkranken Patienten hustete! Nach Jahren noch zollte der eingeladene Preuße dem Süddeutschen Lob für diese eindrückliche Ordnung, diese disziplinarische Meisterleistung, worauf dieser sich verlegen zwar, aber nicht ohne Eitelkeit in den Bart griff.

Nun begab es sich, daß eines Winters ein uns nicht unbekannter Schriftsteller, von dem wir auf der einen Seite einiges, auf der anderen Seite nichts halten, daß dieser nicht wenig gefeierte Dichter sich nach Davos aufmachte, um seine von vier Geburten erschöpfte junge Frau, deren Lunge sich in leicht affektiertem Zustande befand, in dem Turbanschen Sanatorium zu besuchen. Zunächst von der Mutter, später vom Vater akkompagniert, hatte die Frau schon einige Wochen in der Davoser Höhen- und Heillage verbracht, lag in diesen famosen gelben Liegestühlen aus Bambusrohr, welche Turban eigens für seine Klinik im Flachland hatte anfertigen lassen, lag da und harrte auf dem sonnenüberfluteten Balkon ihres vielbeschäftigten Gatten. Als dieser endlich eintraf, bezog er, nicht nur der Ansteckungsgefahr, sondern vielmehr der Sittlichkeit wegen, welche eine allzu freizügige Vermischung der Geschlechter unter allen Umständen zu unterbinden gebot, Logis in dem nahen Gästehaus unterhalb des Sanatoriums, dem noblen Haus »Zum Bein«, einer überaus geschichtsträchtigen Adresse, wo schon andere Autoren von Weltruhm abgestiegen waren, Romane allerersten Ranges verfaßt oder als Wegbereiter des alpinen Skisportes den Sprung in die Davoser Annalen geschafft hatten. Der eine oder andere bekam dafür eine hübsche schwarze Gedenktafel oder gar eine Skulptur im nahen Kurpark. Nicht so unser Mann: Er bekam Bronchitis.

Und wir hören die weißen Schritte der Krankenschwester durch das Dunkel tappen, hören das Hallen im Gästehaus, ganz Güte, ganz Wärme und Verständnis, hören die aufmunternden, wohl gewählten Worte, mit welchen sie die Nacht von der armen, gepeinigten Dichterseele behutsam hinwegnimmt, Hingabe, hören das emaillene, hohle Geräusch des Nachttopfes, welchen sie unserem Kranken huldvoll unter das Nachttischchen mit der roten Lampe stellt, wir hören all dies und sind nicht ohne Rührung, nicht ohne Anteilnahme und Genugtuung, wie die Tatsachen sich nun plötzlich zu drehen und zu wenden beginnen, wie sie miteinander spielen, wie sich Tatsache mit Tatsache vermischt, ein einziges großes Vermischen und Verwischen, was für eine Freude, so zu schreiben, was für ein göttlicher Genuß, den Tatsachen ohne Angst ins Auge zu sehen und ihnen zu sagen, so und so und alles ist alles, und nichts ist nichts, was für ein Funken, was für eine Genugtuung, nach all der Kränkung, all der Verletzung, all der grobschlächtigen Demütigung, die wir erlitten, erfahren, ersäuft haben!

Und wieder hören wir die weisen Schritte der fürsorglichen Schwester, diese Gelassenheit, diese Geduld, diese trotz aller Beschwernisse unbeschwerte, natürliche Fröhlichkeit, und wir können nicht anders, können einfach nicht anders, unseren Dichter um seine Lage zu beneiden, ja Neid steigt in uns auf und hätte doch und wäre doch, aber nichts nützt es, nichts, zurück müssen wir in unsere Geschichte – wir bleiben draußen.

Doch selbst draußen hören wir wieder die weiten Schritte der Schwester, hören, wie sich Haube und Zwicker sachte aus dem Dichterzimmer entfernen, der Dienst am Leben getan, die Opfer vollbracht, Temperatur und Puls gemessen, und nun Ruhe bitte, Ruhe, ein Buch in den Dichterhänden, *les maladies sont les voyages des pauvres,* und arm, ja sehr arm kommen sie sich vor, diese Hände, diese feinen, bläulich geäderten, aristokratischen Schreib-und Lesehände. Nein, heute würde es wohl nichts mehr werden mit dem Fünftausendfußhochaufdemliegestuhlliegenundaufweltundkreaturhinunterschauenundsichseinegedankenmachen darüber, heute mußte wohl oder übel auf das Mitliegen auf dem Balkon verzichtet werden, zu hoch das Fieber, zu angeschlagen der Dichter, zu gezeichnet sein Körper.

Und dann, endlich, verhallen die Schritte der Schwester, und wir finden uns, bar jeden Trippelns, bar jeder *pauvreté* in Turbans Sprechzimmer. Der erschöpfte, ja erschöpfende Zustand des Literaten hatte nicht nur dessen Frau, sondern auch ihn in einige Besorgnis versetzt. Wiewohl es sich nur um eine leichte Bronchitis handelte, hatte es sich doch im Dorfe herumgesprochen, was für ein in nicht geringem Maße anfälliges, ja geradezu parzivaleskes Sorgenkind des Lebens unser Poet mithin zu sein pflegte. Turban hatte, nicht gerade zu seinem trefflichsten Gefallen, einige Werke des Dichters gelesen, hatte das eine für bedenklich, das andere für ein trübes

Destillat einer trüben Zeit gehalten, ja war in tiefstem Innersten gar der wenig erbaulichen Ansicht, daß diese sich dem Publikum in einer gewissen Weise einschmeichelnden, auf undurchsichtige, seinem Geschmacke nach aber irgendwie unlautere Art betörenden Werke bald der Vergessenheit anheim fallen würden, konnte also keinesfalls so viel an dem Manne finden wie die Kritik, welche den Dichter in höchste Höhen hinaufkatapultiert hatte und ihn nun nicht mehr zu greifen vermochte. Nicht zuletzt war Turban auch besorgt um den guten Ruf seines Hauses; man stelle sich Zeitungsschlagzeilen vor wie *Tod in Davos* oder *Morbitorium Turban;* nicht auszudenken, was dies für Konsequenzen zeitigte, wenn ein Künstler dieses Bekanntheitsgrades als Gast seines Hauses plötzlich von irgendwelchen Kokken hinweggerafft würde.

Der Chefarzt ordnete deshalb umgehend Hydrotherapie sowie speziell abgestimmte Schonkost an. Der etwas träumerische, zuweilen gar schwache Magen des Dichters war ja beinahe schon ein Gemeinplatz; nun galt es, diesen in dieser schwierigen, kaum Bewegung, kaum Verdauungsspaziergänge zulassenden Zeit bei Laune zu halten, ja die peristaltischen Bedürfnisse desselben wieder auf ein zuträgliches Niveau zurückzuführen. Täglich zwei Liter Milch, eine abwechslungsreiche Kost mit reichlich Eiweiß, schwach gesalzenen und wenig gewürzten Speisen, viel Obst und auch ein wenig Käse, diese Kost sollte den flügellahmen Mittdreißiger wieder in jenes Fluidum bringen, welches für seine Produktivität, seine Auftritte so unabdingbar war. Eine Entfettung, so

Turbans geschultes Auge, war in diesem Falle nicht vonnöten; hingegen wäre gegen eine gezielte Verbesserung der Muskulatur, vor allem im Lendenbereich, nichts einzuwenden gewesen; im übrigen hatte sich der Stoffwechsel, wie dies hier im Hochgebirge allgemein üblich, bereits enorm gesteigert; in diesem Punkte war Turban durchaus zufrieden mit unserem Mann.

Komplikationen nicht undelikater Natur erwuchsen dem Therapeuten jedoch bei der Durchführung der für den Gesundungsprozeß so fundamentalen Hydrotherapie; die sogenannte Winternitzsche Fächerdusche, eine Dusche, bei welcher der Kranke während rund einer halben Minute mit einem manuell zu handhabenden Fächerschlauche von der Seite her mit auf 12 Grad abgekühltem Wasser bespritzt wird; diese Winternitzsche Fächerdusche also, die, vor dem ersten Frühstücke verabreicht, bei den meisten Kurgästen, nicht zuletzt den weiblichen, selbst im Winter, auf überaus großen Anklang stieß; diese Wasserprozedur nun schien unserem Dichter aufs entschiedenste des Guten und Gesunden zuviel: schon alleine die Vorstellung jener morgendlichen Spritzkur evozierte in ihm ein eigenartiges Gruseln, jenes *epidermale Gruseln,* welches wir gemeinhin als Gänsehaut bezeichnen. Dieses Gruseln nun war in einem Maße stark, daß sich der Poet dem morgens um sieben anberaumten, von einem kräftig behaarten, sonst aber nicht unsympathisch wirkenden und vor allem sehr zuverlässigen Wärter durchgeführten Wasserbade rundweg verweigerte. Diese Verweigerung wiederum entzündete den hellen Zorn Turbans, war dieser doch der durchaus belegbaren Ansicht, daß bei der überwältigenden Mehrheit aller im Hochgebirge auftretenden bronchialen Infekte gerade die Winternitzsche Fächerdusche eine überaus stimulierende Wirkung, ja einen imponierenden Heileffekt hervorzurufen vermochte, wohingegen die Schlappheit und die Mitleid heischende Inszenierung des Dichters ihn aufs äußerste beleidigten. Überdies war ihm nur zu bewußt, daß in seinem Hause keine Extravaganzen geduldet werden durften, sonst war, wenn solches sich herumsprach, und solches pflegte sich immer ungemein schnell herumzusprechen, die Zeit der weitherum hochgelobten Disziplin, des unübertrefflichen Gesundungs- und Kurgeistes wohl binnen weniger Wochen passé.

So kam es denn zu jenem Disput, welcher wohl beider Schicksal in nicht geringem Maße berühren sollte. Was sich die beiden genau zu sagen hatten, bleibt letztendlich Geheimnis; mit den Ohren der Oberin, welche zufälligerweise in dem Gästehaus zugegen und im Gang desselben einige Verrichtungen zu erledigen hatte, mit diesen leicht geröteten, deshalb aber nicht minder spitzen und scharfen Oberinnenohren vernehmen wir den einen oder anderen unzusammenhängenden Brocken jenes Gesprächs: »Stellen Sie sich nicht so an!« hören wir, dann, nach einigen zu leise geratenen Passagen, fällt, trocken und ziemlich unverwandt, das Wort »Tyrann«, erdrückende Stille, und die Ohren ducken und drücken und spitzen sich wie zum Kuß bereite Lippen, Ohrenlippen, auf daß keine Silbe, kein Wort verloren gehe, doch alles scheint verloren, alles, nur noch nichts und Pause und plötzlich »Haltung, mein Lieber, Haltung!«, und wir messen mit, messen des Dichters Gewicht und Temperatur, sind ganz Ohr mit den scharfen Ohren der Oberin, hören nichts, sehen vor unserem geistigen Auge einen in den Mund gesteckten Fiebermesser aus Metall, »Satana!« schreit es da plötzlich, doch aus wessen Mund? dann hören wir noch etwas, das wie »paramilitärisch« tönt, aber auch etwas anderes geheißen haben könnte, ja, wir wissen nicht, was da eigentlich gesprochen und gespielt wird in diesem zu unserem unsäglichen Leidwesen korkgedämpften Gästehauszimmer, wir spitzen die Ohren der Oberin, spitzen und spitzen und spitzen sie, erhaschen noch etwas wie »Würde« oder »Würste«, versuchen zu lauschen, hören nichts, nur noch ein Klicken, ein ganz leises, aber doch vernehmbares Klicken, und dann geht die Türe auf und wird von Turban auf eine Weise zugeknallt und ins Schloß geworfen, ein Schmettern und Scheppern und Klirren, daß wir aufs elendiglichste zusammenzucken, die Ohren der Oberin beinahe aus den Angeln gehoben, was für ein verletzendes Geräusch, voll ins Mark, was für ein *Choc,* was, und die Augen, was, der Oberin, was, haften, was, voller, was, Angst, was, an den, was, furiosen, was, Schritten, was, des Arztes, was, haften an diesen Schritten, welche nach draußen stürmen, haften wie Kerne in Pfirsichen, und draußen könnten wir warten, wären wir dabei gewesen, könnten, locker gegen einen Baum gelehnt, eine Zigarette im linken Mundwinkel, ein Grinsen im rechten, heiteren Gemütes auf Turban warten, könnten kaum erwarten, ihn zu sehen, doch sähe er uns, nach draußen stürmend, nicht, denn unsichtbar wären wir für ihn, nur wir sähen ihn, so ist die Welt, nur wir sähen ihn, doch was wir sähen, wären nur Augen voll Wut und Zorn …

Am nächsten Tage aber war der Dichter spurlos verschwunden. Über sein Verbleiben kursierten die wildesten Gerüchte, die eigentümlichsten Geschichten. Die einen wollten wissen, er habe ins Flachland retiriert und lasse sich von seiner Frau nun brieflich über ihren Zustand und die Vorgänge im Sanatorium unterrichten, ja lasse sich recht eigentlich mit Klatsch und Atmosphäre munitionieren. Andere verbreiteten das Gerücht, er habe, wiewohl nicht wirklich ein Sportsmann, sich Skier gekauft, habe eine nicht ungefährliche Tour in die tief verschneiten Bündner Berge, genauer auf das Schwarzhorn, in Angriff genommen und sei von diesem, bei diesen miserablen meteorologischen Bedingungen überaus waghalsigen Unternehmen, zur tiefsten Erschütterung seiner Frau nicht zurückgekehrt; über sein weiteres Schicksal in der ungeheuren Davoser Fels- und Schneearena könne weiter nur spekuliert werden. Einige behaupteten jedoch inständigst, er sei bei jener Skitour umgekommen, sei weit hinten am Flüelapass in einen mächtigen Schneerutsch geraten, habe sich dabei beide Beine gebrochen und sei dann auf elende Art und Weise, der Bewegung nicht mehr fähig, fernab jeglicher Zivilisation, in dem grimmigen Sturme erfroren. Wieder andere taten all dies als erfunden und erlogen ab, ja waren der festen Überzeugung, er habe einfach nur die Unterkunft gewechselt und sei unter falschem Namen in einem erstklassigen Hotel im Nachbarorte abgestiegen. Welche Variante über den Verbleib unseres Poeten die wahrscheinlichste darstellt? – Wir wissen es nicht. Wir wünschen es auch nicht zu wissen, ist dies hier doch nicht seine, des Dichters Geschichte, sondern diejenige Doktor Turbans.

Was diesen betrifft, so müssen wir, nicht ohne tiefe Sorgenfalten auf der sonnengebräunten Stirn, leider zugeben, daß sich die Quellenlage bezüglich seines weiteren Schicksals gleichfalls äußerst trübe ausnimmt: zum einen schweigen sich die Quellen über Turbans Ende eigentümlich aus, zum anderen sind sie sehr widersprüchlicher Natur. Selbst unsere getreue Informantin verfällt bei diesem Thema in ein uns unverständliches, seltsam rotohriges Grübeln. Klar ist nur, daß Turban nicht unerheblich unter Druck geriet: nach dem plötzlichen Verschwinden des Romanciers stellten Presse wie Polizei Fragen, teils forsche, teils verfängliche Fragen, welche, so die einhellige Meinung, der Kurpapst nur überaus mangelhaft und zur größten Unzufriedenheit der Fragesteller zu beantworten vermochte; ja in einem gewissen Sinne erwies sich der Großteil seiner Ausführungen als eine einzige große Lücke, insbesondere was den Inhalt jenes Gespräches anging, welches er mit dem Schriftsteller am Tage vor dessen Verschwinden geführt hatte. Wegen der gewaltigen Anspannung, des ihm ins Gesicht wehenden, rauhen Gegenwindes erschöpften sich Turbans Kräfte zusehends; und wiewohl niemand es auszusprechen wagte, so machte hinter vorgehaltener Hand doch das Gerücht die Runde, daß er an dieser leidigen Sache nicht unmaßgeblich beteiligt war. Die ständigen Verhöre und immer neuen Verdächtigungen quälten Turban in einem Maße, daß er nicht nur seines Schlafes beraubt war, sondern daß ihm selbst Magen und Darm ihre Tätigkeit in zunehmendem Maße versagten; Auszehrung, Atonie und Atrophie waren die schmerzliche Folge.

Und dann sehen wir, nicht mit den Augen der Oberin, welche immer noch standhaft das Gegenteil beteuert, sondern vor unserem inneren Auge den Strick in Turbans Sprechzimmer, diesen überaus elastischen, aus Kokosfasern gefertigten, fachmännisch geschlungenen Strick, welcher rund zwei Meter über dem Boden hängt; auf einem säuberlichst aufgeräumten Tische links davon einige medizinische Glasgefäße, Chirurgenbesteck und diverse Emailkannen. Unter einem Glassturz ein aus Bronze und Gips geschaffener, durch und durch Gesundheit atmender Männerakt. Auf einem Tische daneben weitere Emailgeschirre, Porzellanbecken der verschiedensten Größen, ein sauberer Nachttopf. Das Zimmer ganz Jugendstil, die Möbel gleich Schulmöbeln. Hinten beim Fenster ein schmales, frisch bereitetes Bett. Auf Turbans Schreibtisch ein Zettel, dessen Gekritzel wir nicht recht entziffern können; ein Wort auf dem Papiere, welches uns keinen rechten Sinn ergibt. In der entfernteren Ecke ein riesiges, pechschwarzes Gerät, dessen Verwendungszweck uns unbekannt. In der näheren Ecke ein zusammengeklappter, gelber Liegestuhl aus Bambus und eine dunkelbraune Kamelhaardecke.

Mein Herr

Mein Salon ist klein. Nur selten kommt Kundschaft. Meist ältere Damen, welche eine Tönung wünschen oder eine Dauerwelle. Manchmal kommen auch vom Leben gezeichnete Männer mit dürren Händen, die sich ihren grauen Haarkranz schneiden lassen wollen. Vor ihnen fürchte ich mich am meisten, vor diesen dürren, befleckten Händen. Manchmal mache ich den Salon einfach zu, wenn ich nicht mehr mag, wenn ich diese Männer, dieses Grauen nicht mehr ertrage. Um neue Schnitte kümmere ich mich nicht; wer nach der Mode gehen will, soll woanders hin. Am schmerzlichsten aber ist es, Kinder zu bedienen: wenn sie gespannt auf dem Sessel sitzen und mich aus großen Augen erwartungsvoll anschauen, dann könnte ich in den Boden versinken, und ich vermag nur mit Mühe meine Tränen zu unterdrücken.

Das Schaufenster ist leer. Früher habe ich Bilder von Modellen ins Fenster gestellt, neben Pflegemitteln und Shampoos. Manchmal habe ich auch Toupets oder künstliches Haar hineingehängt. Diese Zeiten sind vorbei. Ich mag nicht mehr. Ich mag all diese Verlogenheiten, all diese Falschheiten nicht mehr. Ich mag mich nicht mehr verstellen. Lange genug habe ich dies üble Spiel mitgespielt. Habe Heuchelei und selbstgerechte Köpfe ertragen, habe durch stummes Schneiden und Frisieren diese träge Selbstgerechtigkeit mitgetragen, habe mitgetragen, wo es nichts mitzutragen gibt. Genug ist genug. Ich bin froh, wenn nicht zuviele kommen, bin froh, wenn keiner kommt. Dann habe ich Zeit für mich, Zeit zum Grübeln.

Meine Schuld ist groß. Kleiner zwar als die meiner grauen Klientel, trotzdem aber unendlich groß. Wäre ich tot, könnte ich wohl zufrieden sein. So aber schleppe und schneide ich mich durch dieses Leben, durch diese meine Schuld und frage mich, was das für einen Sinn macht. Manchmal macht nichts einen Sinn, und ich muß aufpassen, daß mir Messer und Schere nicht ausrutschen. Oft habe ich mich feige gescholten, weil mir Messer und Schere nie ausgerutscht sind. Vielleicht ist dies meine schlimmste Schuld. Ich schäme mich meiner Feigheit. Nein, ich bin keine Heldin. Ich bin feige, und wenn Sie, mein Herr, mich ansehen, dann wird Mitleid in Ihnen erwachsen oder Gleichgültigkeit oder Abscheu, niemals aber Bewunderung. Schauen Sie mich nicht an, mein Herr.

Zu gepflegt sind Sie, mein Herr, zu unschuldig, daß Sie meine Schuld und meinen Schmerz ertragen könnten. Per Zufall sind Sie in diesen vergessenen Stadtteil gelangt, haben beinahe aus Versehen meinen Salon betreten, weil Sie noch einen Termin hatten am Nachmittag oder ein vielversprechendes Rendezvous am Abend. Erschrocken sind Sie, wie Sie mich gesehen haben, mit

Messer und Schere in der Ecke stehend, zugemauert mein Gesicht, zutiefst erschrocken, doch getrauten Sie sich nicht, den Salon gleich wieder zu verlassen, weil das Ihren Gepflogenheiten, Ihrer Höflichkeit widersprochen hätte. Was kann ich für Sie tun? könnte ich Sie gefragt haben, mein Herr, und Sie würden sich in weltmännischem Ton einen bestimmten Haarschnitt gewünscht haben, den Sie in irgendeiner Zeitschrift gesehen haben, um nachmittags oder abends damit zu brillieren. Recht haben Sie, mein Herr, auch wenn Sie nicht wissen, warum.

Ich bin in G. geboren, das wird Sie kaum interessieren, mein Herr, denn G. interessiert niemanden: Es ist eine Stadt, ein Städtchen beinahe, das es eigentlich gar nicht gibt. Auf der Landkarte ist es nicht zu finden und in den Hirnen der Menschen auch nicht, vielleicht in den Herzen, da vielleicht, ganz selten, schon. Meine Kindheit, ist so interessant wie G. Ich kann mich kaum noch an sie erinnern, und was hochkommt, sind höchstens der Geruch von Pferdeäpfeln und Ohrfeigen. Ja, man hat mich geschlagen, als ich ein kleines Kind war, brutal geschlagen, dennoch aber liebte ich meine Eltern, vor allem meinen Vater. Nicht jeder, der schlägt, kann gut schlagen, mein Vater aber hat vortrefflich geschlagen. So wurde ich denn eigentlich in dieses Leben hineingeschlagen und manchmal frage ich mich noch heute, ob ich denn auch wirklich existiere, weil G. ja eigentlich auch kaum existiert und ich die größte Mühe habe, mich selbst zu spüren. Ja, diese Mühe, mein Herr, mich selbst zu fühlen, das ist die Hölle, wenn Sie nicht wissen, was in Ihnen ist, was sich in

Ihnen abspielt, wenn Sie nichts spüren außer Leere und Stumpfheit. Nein, das können Sie sich nicht ausmalen, mein Herr, wie das ist, wenn man so voll ist und doch zugleich auch so dumpf und leer.

Oft war ich in den Ställen, mein Herr, darum meine Liebe zu den Pferden. Pferde liebe ich über alles, vielleicht sagt Ihnen das etwas? Manchmal bin ich nachmittags einfach auf meinem Pony durchgebrannt, und wenn Vater mich nach einer schlaflosen Nacht mit vatergroßen Sorgen wiedergefunden hat, dann hat es eine gehörige Tracht Prügel abgesetzt und er hat mir an den Zöpfen gezerrt, daß ich meinte, er reißt mir die Haare vom Kopf. Dann hat er mich grün und blau geschlagen, und als alles vorbei war, bin ich heulend weggerannt und habe mich bei meinem Pony ausgeweint. So habe ich meine Kindheit verheult.

Als ich kein Kind mehr war, ist ein Mann auf mich gelegen und hat mir schöne Worte ins Ohr geflüstert und gesagt, daß er mich liebe. Auf einer Bank am See hat er mich gefragt, ob ich ihn heiraten wolle. Weil ich schlecht nein sagen konnte und Vater nichts erfahren sollte, habe ich ja gesagt, ja, mein Herr, habe ich gesagt, und da war ich plötzlich die Frau dieses Mannes. Alfred hieß er und flüsterte mir unentwegt seltsame Dinge ins Ohr, daß ich lachen musste oder mich schämen. Dann wurde er krank und mußte ins Hospital. Den Friseursalon führte ich alleine weiter. Lange habe ich um ihn gebangt. Er war ein sehr seltsamer Mann, so liebevoll und so kalt zugleich. Ich weiß nicht, wie ich das ausdrücken soll, mein Herr, aber er war so seltsam, mein Alfred.

Dann kam die Meldung. Alfred war gestorben, mitten im Sommer. Ich war dreiundzwanzig und Witwe. Die Sonne war heiß und glühte auf meinem Kopf. Pferde sah ich nur noch wenige. Da entschloß ich mich, an einen anderen Ort zu ziehen, mein Leben in neue Bahnen zu lenken. Ich entschloß mich, nach B. zu fahren, wo alles viel besser und viel schöner sein sollte, wie man sagte. Ich kann mich an eine grüne Reisetasche erinnern, eine gelbbraune Fahrkarte und ein lebendiges Strampeln in meinem Bauch.

Als ich in B. ankam, mußte ich meine Papiere vorweisen, es war Krieg, Sie verstehen, und der Beamte hatte braune Augen und sagte, daß da etwas nicht in Ordnung sei mit meinen Papieren, der Stammbaum, Sie verstehen, mein Herr, der Großvater mütterlicherseits, Zigeunerblut, aber ich, einige Abklärungen müßten gemacht werden, ich bin Deutsche, seßhaft, keine Widerrede, das ist wichtig, eine ernste Angelegenheit, der Bauch, ja, ja, und die Augen des Beamten wurden immer brauner, braun wie Muttermale wurden sie, bis sie mich und mein Strampeln schließlich triumphierend abführten, uns auf die Kommandostelle führten und von dort ins Hospital, und als ich wieder aufwachte, strampelte es nicht mehr in mir, und alles schien tot und verwachsen und ein einziges Grab, und der Beamte sagte, daß es nun weg sei und ich sterilisiert. Ich schrie, entsetzliche Schmerzen schrien aus mir, schrien Nacht, Mord, Schlund. Vor meiner Ohnmacht sah ich noch das grelle Licht der riesigen Lampe, die Augen, die Uniformen, lauter Uniformen, nur keine Ärzte, kein Weiß. Nach drei

Wochen schickten sie mich in die Kamenskistraße, Sie verstehen, mein Herr.

Meine Geschichte schockiert Sie, mein Herr, Ihr Haar sträubt sich, aber damals waren Sie ja noch kaum auf der Welt, mein Herr, ja Sie könnten mein Sohn sein, mein herangereifter Sohn, Ihre Augen haben so etwas Feuriges, und Schuld trifft Sie nicht, mein Herr, Schuld tragen nur mein Großvater und ich. In der Kamenskistraße hatte ich Teile für Kanonen zu fertigen, aber ich schaffte das einfach nicht, konnte nicht, wollte nicht, haute ab, haute am zweiten Tag ab, tauchte unter und fing in einem Salon an, man muß sich durchschlagen, Sie verstehen, mein Herr, irgendwie durchschlagen, und seit dieser Zeit habe ich den Geschmack von Sperma im Mund, habe diesen widerlichen Geschmack im Mund und werde ihn einfach nicht mehr los, alles, was ich esse und trinke schmeckt mir nach Sperma, nach Soldaten- und Generalssperma, Gestaposperma, Sie verstehen, mein Herr? Und all diese Schwänze, diese dicken und dünnen, diese langen und kurzen, diese widerlich anschwellenden Bocksschwänze, und immer mein ja, *mein Herr,* mein dienstfertiges und unterwürfiges ja, *mein Herr,* denn ich wollte leben, mein Herr, Sie verstehen? – all diese rotbraunen Schwänze, die ich in den Händen hielt, die ich lutschte und verabscheute und die mich überleben ließen, all diese zuckenden Schwänze, die ich lieben mußte, weil ich leben wollte, und die ich haßte, weil sie mein Leben zu Tode zuckten, Sie verstehen, mein Herr?

Und dann hatte ich wieder diese Schmerzen im Bauch

und mußte ins Hospital zurück, mein Bauch eine Höllenbrut, eine Chirurgenpinzette in meiner linken Seite, bei der Sterilisation vergessen, Pinzette bei Sterilisation vergessen, Fliegeralarm während der Operation, Sie verstehen, mein Herr, und alles schnell, schnell, und der Gestapostudent hatte die Pinzette vergessen, alles zugewachsen nun und verwachsen und entzündet, alles Schmerz, Eiter, Brennen, alles infektiös, Zysten, Myome, Tumore, Sie verstehen, mein Herr, alles, und diese Schwänze, mein Herr, all diese Schwänze in meinem Schmerz, meiner Narbe, all diese freigesprochenen Gestaposchwänze, wer kann das aushalten, mein Herr, wer kann das aushalten? Diese Freiheit, dieser Friede!

Nein, das ist nicht zum Aushalten, ich halte es schon lange nicht mehr aus, ich halte mich nur noch knapp in meinem Salon und schleppe mich durch meine Schuld, zu feige, um Schluß zu machen, mit mir und mit allen. Und jedesmal, wenn diese dürren, befleckten Hände, wenn diese grauen Haarkränze wie selbstvergessen auf meinem Stuhl sitzen, dann sehe ich wieder diese zuckenden Schwänze, und ich schneide und schneide und schneide, doch unendlich scheint dieses Meer von Schwänzen, unendlich, und immer wachsen sie wieder heran, zu stumpf die Schere, zu matt die Klinge, nie komme ich an ein Ende, ich kappe und kappe und kappe, doch unzählig sind sie und frei und wissen von nichts, mein Herr, kein Mensch kann sie zählen, kein Mensch kann sie greifen, frei und freigesprochen und ohne Wissen, nach bestem Wissen und Gewissen ohne Wissen, engagiert, pflichtbewußt und ohne Wissen, und nur ich scheine zu wissen, was ich weiß, weiß, daß mein Schneiden nie an ein Ende kommt, weil es kein Ende gibt, mein Herr, weil es für mich und diese Schwänze kein Ende gibt.

Nur im Hospital gab es ein Ende, und da war ich wieder registriert, mein Herr, und ein Lastwagen fuhr vor, ein großer deutscher Lastwagen, und grobe deutsche Männer hießen mich, zu den anderen auf die Ladefläche steigen. Wenig später fuhren wir in die Nacht hinaus, fuhren auf dem Lastwagen in die große deutsche Nacht hinaus. Wir sahen Landschaften, Wälder, Bäume, immer wieder Bäume. Wir fuhren und fuhren und fuhren, und da träumte mir von Socken und von Haaren, immer wieder träumte mir von Socken und von Haaren, ich weiß nicht, warum, mein Herr, ein Traum, mein Herr, ein deutscher Traum.

Gegen Morgen hörte ich Vögel, horchte in die Stille des Waldes. Wir kamen auf einen schmalen Weg. Auf der Wiese lag Tau. Der Lastwagen fuhr nun langsamer. Wir kamen zum Stillstand. Immer zu zweien hatten wir den Wagen zu verlassen. Wir sahen Baracken, Kamine, Schuppen, Rauch. Links und rechts uniformierte Männer, Pistolen, Hunde, Frauen, ja, auch Frauen. Ich sehe noch den silbernen Knauf, sehe den Stock mit dem silbernen Knauf in der Hand einer Aufseherin. Dann sehe ich nichts mehr. Ich stand auf der Rampe.

Auf der Rampe krampfte sich die Zeit zu einer Ewigkeit zusammen. Der Arzt, mein Gott, der Arzt, wie er mich musterte, und der Rauch von links und der Lärm von überall und die Schreie in mir drin und die Ewigkeit, mein Herr, das Schweigen der Ewigkeit, diese Stille, diese unendliche Stille, mein Gott, und dann wieder dieses Schluchzen und Heulen und Zittern von allen Seiten, aber mein Gott schwieg und ich mit ihm, zusammen schwiegen wir, schwiegen das Grauen tot, und da schickte er mich nach rechts, der Arzt, mein Herr, mein Gott, nickte und schickte mich nach rechts, schickte mich in meine Ohnmacht, meine Schuld und schwieg.

Und als ich wieder bei mir war, mußte ich mich ausziehen, mein Herr, splitternackt ausziehen und in einen Duschraum, der Boden aus Beton, und dann eiskaltes Wasser aus den Brausen, daß wir schrien und schlotterten und zitterten, so kalt das Wasser und keine Tücher nicht. Da kamen mir diese Bilder wieder von Socken und von Haaren, ich sah Kahlgeschorene, ganze Kolonnen von Kahlgeschorenen und dann Säcke von Haaren und von Socken, Säcke, Haare, Socken, mein Herr, ich weiß nicht, warum. Dann brachte man mich in eine spezielle Baracke. Dort hatte ich ein eigenes Bett, einen Raum für mich, nicht wie die anderen eine Holzkoje zu siebt. Kaum war ich drin, hatte ich wieder diese Schwänze im Mund und zwischen den Beinen und im Arsch, mein Herr, mein Gott, ständig diese Schwänze, Tag und Nacht, nicht anders als in B., nur andere Schwänze, dunkler, blutiger, Sie verstehen, mein Herr, und auf meiner gestreiften Kluft ein schwarzer Winkel, weiß der Teufel, warum ich einen schwarzen Winkel und die anderen gelbe oder grüne oder rote und selten nur schwarze. Und in den Pausen diese ausgemergelten, ausgelöschten Gesichter, all diese Menschen mit gelben Winkeln, und plötzlich Asche vom Himmel, Asche und ein seltsam süßlicher Geruch, und dann wieder diese Kolonnen mit gelben Winkeln, das Universum ein einziger gelber Winkel, ein schweigender gelber Winkel, und dann plötzlich die Sirenen, das Geheul der Sirenen, und süßlich roch es und nach Gas, irgend etwas brannte, und da zog ich mich wieder in meine Baracke zurück, mein Herr, dort war ich sicher, nur keine Hunde, keine Autos, keine Dusche, dachte ich, mein Herr.

Und dann sah ich wieder Kinder, Neuankömmlinge, kleine, große, dicke, dünne, laute, leise, scheue, weinende Kinder, die sich ängstlich an ihre Mütter schmiegten, wenn sie noch welche hatten, sah diese Angst und diese Augen und diese Kinder, und da kam mir mein totes Kind wieder hoch, kam mir tot in den Schoß, mein Kind, welches man mir aus dem Leib getrieben, und ich mußte heulen, brüllen, schreien, ich schrie, bis man mich einsperrte und hungern ließ, so daß ich leise wurde, schwach und leise. Später sah ich keine Kinder mehr, mein Herr.

Eines Nachts aber lag der Lagerkommandant auf mir, *oui, mon commandant* hatte ich ihm immerzu ins Ohr zu flüstern, *oui, mon commandant,* weiß der Teufel, warum, und dann nahm er mich von hinten und keuchte und stieß, daß es mich beinahe zerriß, und dabei stammelte und stöhnte er, daß er mich möge, daß er mich und meinen Arsch möge, und von da an lag ich nicht mehr in der Baracke, mein Herr, sondern im Haus des *commandant.* Ich erhielt kleine Freiheiten und Zugeständnisse, besseres Brot, ab und an Wurst, Schokolade, Zigaretten. Tagsüber hatte ich in der Kommandantur kleinere Schreibarbeiten zu verrichten. Abends dann kam *mon commandant.*

Leidlich besser ging es mir nun, mein Herr. Mal schlug ich einen Laib Brot heraus, mal eine Tafel Schokolade, mal ein Stück Fleisch, so daß ich heimlich die ärgste Not ein wenig lindern konnte. Ich kam auch an Visa, Pässe, Stammbäume und ließ sie aus dem Lager schmuggeln. Trotzdem: Ich war der Arsch einer Welt, die Millionen verschlang und vergaste, war das schwarze Loch, welches das Unerträgliche erträglich machte, und jedesmal, wenn sie in schwarzen Stiefeln von hinten kam, hatte ich die Toten in mir, hatte ein Meer von Toten in mir, und dies Meer schwemmte und spülte mir das Leben aus dem Leib, riß und rammte mir das Leben aus dem Leib, daß ich erstarrte und verstummte, Säcke von Haaren und von Socken, mein Herr, und alles dunkel, alles Nacht, mein Schoß ein Grab, und nur ab und an ein kleines Licht, und doch die Schuld, mein Herr, die Schuld, die mich nicht losläßt.

Mon commandant aber ließ nach und nach von mir; er stieß nicht mehr mit der gleichen Wucht, der gleichen Kraft und Präzision, und als die anderen mehr und mehr vorstießen, wollte er gar nicht mehr. Er schien allmählich dem Alkohol zu verfallen, wurde leutselig und weinerlich und seltsam. Mal übergab er sich in meinen Schoß, mal schlug er mich mit der Peitsche. Frühling war's, und die Vögel pfiffen, kein Ende wollte dies Pfeifen nehmen. *Mon commandant* aber pfiff nur selten noch: sein Gesicht so lang wie der Winter. Und wie die anderen näher und näher rückten und die Lage immer aussichtsloser, da befahl er die totale Räumung, die Verwischung und Vernichtung aller Spuren. Hektik entstand und Panik und Durcheinander. Manche Spuren trugen Füße. Andere verloren sich spurlos.

Höllisch dann die Flucht, dies Laufen Laufen Laufen. Bäume Bäume Bäume. Äste Zweige Beeren. Angst. Grauen. Fluß. Waten. Schwimmen. Brücke. Wiese Wald Erschöpfung. Überall Kolonnen Häftlinge. Tote. Lampen. Panzer. Russen. Blut. Irgendwann Zusammenbruch. Nacht. Stille. Irgendwann. Und die Tränen, mein Herr, die Tränen, als ich in dem Lazarett wieder zu mir kam. Nie werde ich diese Tränen vergessen und das Lächeln der Schwester. Und der Jubel, mein Herr, als wir erfuhren, daß der *commandant* gefaßt... Die Gerechtigkeit nicht ganz gerichtet. Später dann die Ernüchterung: die Zahlen der Opfer, die Namen, Freunde, Bekannte, Verwandte. Und die Schuld, mein Herr, die Schuld, zu sein, zu leben, die Schuld.

Die Welt ist blond und blauäugig, mein Herr, und in allen Ästen hängt das Braun. Seit einiger Zeit sehe ich keine Bäume mehr. Ich mag sie nicht mehr sehen. Und wenn ich trotzdem einen sehe, dann schließe ich die Augen und bete, daß es aufhört in mir, aufhört zu strampeln und zu schreien. Ich stehe, wo ich stehe. Mein Salon ist klein, und selten nur kommt Kundschaft. Ich schneide mich durch diesen Frieden, diese Freiheit und träume von Socken und von Haaren. Aber wenn ich an jene Zeit zurückdenke, dann zerfallen mir die Gedanken auf der Stelle wie modrige Pilze und ein Grauen steigt in mir auf, mein Herr, ein unvorstellbares Grauen, welches sich kaum fassen läßt.

Ich war die Geliebte eines Massenmörders, habe meine Seele verkauft und wurde vollgespritzt mit Toten. In mir schwimmt und zuckt der Tod, mein Herr, Zigeuner, Juden, Homosexuelle, Geistliche, Politiker, Kriminelle, Kinder, Jugendliche, Alte, Männer, Frauen schwimmen in mir und zucken durch mich und brennen und brüllen und sterben immer wieder, und mein Körper nur Kulisse, mein Herr, mein Körper, mein Leben nur Kulisse. Dennoch schleppe und schneide ich mich durch diese Kulisse, dieses Zucken, wie wenn ich etwas gutmachen könnte, wie wenn ich etwas auslöschen könnte. Aber nichts ist auszulöschen, mein Herr, nichts. Und auch wenn ich manchmal eine leise Regung in mir spüre, die Hand zur Versöhnung auszustrecken, mir selbst und allen die Hand zur Versöhnung auszustrecken, so werde ich dies, sei es in diesem Leben, sei es in einem nächsten, doch nie tun können, werde diese Hand nie ausstrecken können, zu laut hallen die Schreie der Toten in mir, zu laut, Sie verstehen, mein Herr?

Cephalo ™

Als ich den Winter 1993 in B. zubrachte, traf ich da eines Abends in einem Szenelokal S., einen makrozephalen Dreißigjährigen, der seit kurzem in einem Club dieser Stadt in einer Robot-Performance auftrat und beim Publikum außerordentlich gut ankam.

Ich sagte ihm, der in Tübingen Kybernetik und Mikroinformatik studiert hatte, daß ich erstaunt sei, ihn schon einige Male in diesem Club gesehen zu haben, welcher an der Peripherie der Stadt in einer alten, stillgelegten Wursterei untergebracht war, wo alles, sogar das Pissoir, nach Fett roch und wo sich die Masse, oder zumindest jene Masse, welche sich am Wochenende oder auch unter der Woche von der Masse zu unterscheiden suchte, bei Techno, Kokain und Keksen zu amüsieren pflegte.

Er versicherte mir, daß ihm seine Auftritte in diesem, wie er sich ausdrückte, Schuppen, viel Vergnügen bereiteten, und fügte nicht unprätentiös hinzu, daß ein Künstler, welcher etwas auf sich halte, einiges von ihm lernen könne.

Die Arroganz dieser Äußerung traf, so daß ich mich

zu ihm setzte, gespannt zu hören, worin denn die Gründe für eine derart sonderbare, ja anmaßende Selbsteinschätzung liegen mochten.

Er fragte mich, ob den automatenhaften Bewegungen seines Körpers nicht eine gewisse Grazie, eine gewisse bewegte und bewegende Schönheit zugesprochen werden müsse.

Hätte ich nicht schon zwei, drei Gläser zuviel getrunken, hätte ich dies, ohne zu zögern, verneint, doch da der Tequila meine Neuronen schon in beträchtlichem Maße bedrängt hatte, nippte ich nur stumm am Glas und schaute dem Mann fragend ins Gesicht.

Ein makrozephales Schweigen erfüllte den Raum, ein Schweigen, dem eine gewisse Selbstgefälligkeit nicht abzusprechen war.

Dann erkundigte ich mich, nicht aus Höflichkeit, sondern um dies Schweigen zu beenden, nach der Choreographie der Performance und fragte, wie es denn möglich sei, daß ein Mensch seine Glieder derart mechanisch bewegen könne.

S. sagte, daß jeder Teil seines Körpers nach einem genauen Schema mobilisiert und wieder demobilisiert werde, daß das Abrupte der einzelnen Bewegungen durch monatelanges Training eingeübt worden, daß eine Störung dieser Automation absolut auszuschließen, ja geradezu undenkbar sei. Jedes Glied, so sagte er, habe seinen emotionalen Schwerpunkt, und es reiche vollauf, diesen, im Inneren des Gliedes zu regieren und auszuschalten, wobei Regieren, wie er, nicht ohne Unterton, hinzufügte, auf die eine oder andere Weise ja immer

Ausschalten bedeute. Im übrigen folgten die Glieder wie von alleine seinem Verstand, nur die Emotionen müßten zunächst anästhesiert werden, so daß er zu einer Art Motilität finde, deren Unwillkürlichkeit bewußt gemacht und dem Willen unterworfen werde.

Ich staunte nicht schlecht über diese Äußerungen, welche mir einiges Licht auf das Vergnügen zu werfen schienen, welches er bei seinen öffentlichen Auftritten zu finden vorgegeben hatte. Doch ahnte ich nicht im entferntesten, was für weitreichende Folgerungen er daraus ziehen würde.

Ich fragte ihn, ob der Robotman, der seinen Körper unterwerfe, ein Künstler sein oder doch wenigstens einen Begriff vom Schönen und Erhabenen in der Kunst haben müsse.

Er erwiderte, daß ein Geschäft wie das seinige, auf diesem Niveau, nur bei totaler Selbstkontrolle und Empfindungslosigkeit betrieben werden könne.

Um den emotionalen Schwerpunkt auszuschalten und die integrale Affektlosigkeit zu synthetisieren, müsse man den Schwerpunkt erst erkennen und erreichen, wobei der Weg dorthin ganz entgegen der landläufigen Meinung durchaus nicht immer ein gerader und direkter sei – mitunter beschreibe die Linie zu diesem Punkt eine Kurve ersten, zweiten oder gar dritten Grades, zuweilen beschreibe sie weder Kurve noch Gerade, so daß es dem Robotman zu einigen Schwierigkeiten gereiche, den erwünschten Zustand überhaupt zu erreichen.

Auf der anderen Seite sei dieser Weg zum emotionalen Schwerpunkt und damit zur höchsten Vollendung der eigenen Kunst etwas derart Subkutanes und Rätselhaftes, daß man darüber kaum sprechen könne. Ich möge ihm verzeihen, wenn er noch anfüge, daß dieser Weg letzten Endes nichts anderes darstelle als den Gang des Künstlers, wobei er nicht im geringsten daran zweifle, daß dieser Gang nur dadurch gefunden werden könne, daß der Künstler zum Roboter werde.

Ich entgegnete ihm, daß man mir das Geschäft des Robotmans als etwas reichlich Primitives, um nicht zu sagen Geistloses dargestellt hätte.

Nein, nein, entfuhr es dem Makrozephalen, dies seien, und dabei machte er eine ganz und gar unzweideutige Bewegung mit der Hand, dies seien die üblichen Vorurteile, die er und seinesgleichen immer und immer wieder zu hören bekämen, Vorurteile von Leuten notabene, welche zeit ihres Lebens nie einer Robot-Performance beigewohnt hätten, Leuten mitunter, die von der Existenz eines emotionalen Schwerpunktes nicht die leiseste Ahnung hätten. Von dem abgeschmackten Gerede solcher Leute halte er nichts, aber auch gar nichts, wobei er mit dem linken Knie unversehens gegen das Tischbein stieß und das Gesicht verzog.

Ich grinste. Dann äußerte ich mein Erstaunen darüber, mit welchem Engagement er diese für Nachtschwärmer erfundene Spielart des Tanzes betreibe, ja ihr geradezu eine tiefere Bedeutung beimesse und sie über die anderen Künste erhebe.

Sein Gesicht hellte sich wieder auf, und er erwiderte, dies komme nicht von ungefähr, sei er doch Tänzer und Ingenieur zugleich. Zur Zeit arbeite er mit einer interdisziplinären Forschungsgruppe der Technischen Hochschule von L. aufs intensivste an einem interaktiven System, einem Roboter, der wie ein Mensch sich bewegen, sich geben könne, ein Roboter mit menschlichem Antlitz, menschlichen Zügen, ein Roboter, mit welchem er, sollten die abschließenden Tests erfolgreich verlaufen, in einer nie gesehenen Performance auftreten wolle, wobei er, S., den Roboterpart, und der Roboter den menschlichen Part übernehmen werde, ein Rollentausch, ein *reversion dance,* der alles Dagewesene vergessen machen und der Kunst neue, transhumane Ausdrucksmöglichkeiten eröffnen werde.

Ich fragte, ob es denn überhaupt möglich sei, einen Roboter zu bauen, der, para- oder pseudohuman, mit runden harmonischen Bewegungen seine Kreise ziehe, einen Roboter gar, welcher das Gehen des Menschen zu imitieren vermöge.

Durchaus, antwortete S. Die Versuche mit Cephalo™, so heiße der Prototyp des neuen Roboters, diese Versuche seien äußerst vielversprechend, ja ließen aufhorchen. Das Wesen von Cephalo™, wenn dies Wort hier nicht zu weit greife, dies Wesen besteche gerade dadurch, daß die Maschine in höchstem Maße lern- und verknüpfungsfähig sei: sie sei eben nicht nur ein neuronales Netz ohne direkten Kontakt zur Außenwelt, sondern könne Erfahrungen machen, könne aus Fehlern lernen, könne ohne äußeres Zutun zwischen Bekanntem und Unbekanntem Beziehungen herstellen und funktioniere selbst dann noch, wenn einzelne Teile ausfielen. Diese umfassende Anpassungsfähigkeit und Robustheit bedeute einen immensen Fortschritt auf dem Gebiete der Robotik. In nächster Zukunft werde man deshalb nicht mehr darum herumkommen, zwischen den alten, beinahe schon historisch zu nennenden Automaten, welche er imitiere, und den neuen autonomen Robotern der Cephalo™ – Generation zu differenzieren, Robotern mitunter, welche Eigenschaften aufwiesen, jenen vergleichbar, die wir, wenn auch nur ansatzweise, vom Menschen her kennen.

Skeptisch bemerkte ich, daß der Input eines solchen autonomen Roboters ungemein komplex sein müsse, komplexer vielleicht, als das menschliche Hirn zu denken überhaupt imstande sei.

Komplex gewiß, erwiderte S., aber keineswegs hyperkomplex. Indes sei das Faszinierende an Cephalo™, daß es nicht nur auf den Input ankomme: Cephalo™ sei soweit, daß er selber bestimmen könne, was er beachten, was er lernen und was er vergessen wolle. Es sei nicht so, daß er auf einen bestimmten vorcodierten Input einen entsprechenden Output erzeuge, vielmehr sei es so, daß er mittels Wärme-, Licht- und Geräuschsensoren laufend auf die sich verändernde Umwelt reagiere und so seine Reaktionen bis zu einem gewissen Grade weder voraussagbar noch steuerbar seien.

Aber wie es denn möglich sei, fragte ich, daß dieser Cephalo™ nirgendwo anstoße, daß er nicht auf Hindernisse pralle, seien dies nun Menschen, Möbel, Wände.

Er erklärte, daß Cephalo™ mit gewissen Grundreflexen ausgerüstet sei, daß er zu Beginn gewiß noch hie und da auf das eine oder andere Hindernis prallen werde, daß er aber vermittelst der Erfahrungen, die er während der kontinuierlichen Stimulation durch die Umwelt sammle, nicht zuletzt auch vermittelst seiner hochentwickelten Distanz- und Kollisionsdetektoren, welche mit Infrarot ständig den Abstand zum nächsten Gegenstand oder Lebewesen mäßen, daß er vermittelst all dieser Prozesse und Einrichtungen befähigt sein werde, binnen einer Testzeit von vier bis fünf, im schlechtesten Falle vielleicht auch sechs bis sieben Monaten problemlos und ohne Zwischenfälle über eine Straße wie den Kurfürstendamm zu schreiten.

Nach einer Pause betretenen Schweigens fragte ich ihn, warum er denn die Robotik überhaupt zu seinem Tätigkeitsfeld gewählt habe.

Er sagte, daß, wenn man sich selber verstehen wolle, man sich erfinden müsse, daß nur das, was man selbst erfunden habe, überhaupt die Möglichkeit biete, vollkommen verstanden zu werden. Wenn er also einen Roboter baue, so wolle er dessen System verstehen, dessen Interaktion mit der Umwelt, was schließlich nichts anderes bedeute, als sich selber zu verstehen, die eigene Interaktion zu begreifen und zu sich selber zu finden, sei doch der vollkommene Ingenieur und Künstler letzten Endes derjenige, welcher sich das Prinzip des Roboters zu eigen mache, welcher ohne Wenn und Aber zum Roboter mutiere.

Wie, fragte ich, sehe denn dieses Robot-Prinzip aus, welches den Menschen erst eigentlich zum Künstler erhebe.

Dieses Prinzip, führte er aus, sei die Summe von Qualitäten, welche im einzelnen durchaus auch beim Menschen gefunden werden könnten, meist jedoch in sehr viel geringerem Masse, in ungleich geringerer Konzentration. Zu nennen seien hier vor allem die Reinheit der Intelligenz, die Luzidität der Kombination, die Unbestechlichkeit der Logik und – Kernstück des Prinzips die umfassende Ausschaltung der Emotion.

Aber ist es denn nicht paradox, warf ich skeptisch ein, durch die Tilgung des Affekts wieder Affekte hervorzurufen, durch Leidenschaftslosigkeit Leidenschaft in die Welt zu tanzen, wie es ja, wenn er seinen automatenhaften Bewegungen Grazie zumesse, bis zu einem gewissen Grade doch der Fall sein müsse.

Gewiß, sagte S., dies töne widersprüchlich, doch gehe es dem Künstler ja letzten Endes nicht um die Wirkung seiner Kunst, sondern um die Kunst an und für sich, um nicht zu sagen um sich selbst. Dabei führe der Weg zum Höchsten, zur totalen Emotion, gerade über die totale Emotionslosigkeit, ein Zustand im übrigen, der auf rätselhafte Weise mit der totalen Emotion verwandt sei, ihr ungemein nahekomme, ja auf nicht näher zu bestimmende Art gar mit ihr gleichzusetzen sei.

So gäbe es denn, sagte ich, ohne den Tod der Emotion keine Kunst?

Er lächelte.

Ich hätte, meinte er, seine Ausführungen nicht ganz begriffen, aber die Schlüsse, die ich daraus zöge, seien doch auch nicht gänzlich falsch.

Ich stutzte und wußte nicht, was ich davon halten sollte, fragte mich, ob ich einen Irren vor mir hatte, einen Falschmünzer oder ein Genie, war nahe daran, zu gehen. Zu meiner eigenen Verwunderung blieb ich.

So wäre denn, nahm ich den Faden nach der entstandenen Pause wieder auf, so wäre denn also der Roboter, verglichen mit Gott ein Mensch, verglichen mit dem Menschen jedoch ein Gott?

Er lachte.

Wenn man an Gott glaube, gleich welchen, könne man die Sache durchaus so sehen, wobei man es allerdings auch anders sehen könne.

Was aber passiere denn, fragte ich mit einiger Sorge, wenn die autonomen Roboter der neuen Generation mittels ihrer Freiheit, zu lernen und Erfahrungen zu sammeln, wenn diese aufs sorgfältigste mit künstlicher Intelligenz ausgestatteten Akteure plötzlich auf den Geschmack kämen und Gefühle generierten.

Es scheine, versetzte er, daß ich Capeks Bühnenstück *Rossum's Universal Robots* weder gelesen noch gesehen; und wer diese frühe Phase aller Robotik nicht kenne, dem entbehre jegliche Grundlage, um über die folgenden und, um wie viel mehr, über die heutige zu sprechen.

Ich wüßte sehr wohl, entgegnete ich, von welchem Begriff, welcher Sprache sich das Wort ›Roboter‹ herleite, zudem wäre mir nur zu bewußt, daß das Gefühl bisweilen Verwirrung anrichte. Dann hörte ich mich folgende Geschichte erzählen:

Es ergab sich, daß ich vor einigen Jahren den Herbst an einem kleinen See in der Nähe von Potsdam zubrachte, wo ich auf einen Autor in den Dreißigern traf, über dessen Intelligenz und Imaginationskraft zahllose Geschichten kursierten. Zufälligerweise hatte ich erst unlängst in einer Zeitschrift einige seiner Arbeiten über das Marionettentheater gelesen, so daß wir schon bald in ein intensives Gespräch verwickelt waren. Unser Gespräch fokussierte auf jener Stelle, wo die Marionette zum Gegenbild aller Künstlichkeit wird, welche, so der Text, immer dort erscheine, wo sich die Seele in irgendeinem anderen Punkt befinde, als in dem Schwerpunkt der Bewegung. Da der Mann unverwandt stolperte, aus dem Gleichgewicht kam und zu Boden fiel, fragte ich ihn, ob ihm die Seele ins Knie gerutscht. Der Mann errötete, schaute mich erschrocken an, griff sich ans Knie, schien verwirrt, kopflos, brachte kaum einen Laut hervor. Ich lachte, worauf der Mann sich verzweifelt an den Kopf griff, aufstand und verschwand. Von diesem Augenblick an schien sich eine nicht weiter begreifliche Veränderung in dem Mann zugetragen zu haben, welcher in der gleichen Pension gastierte wie ich. Am nächsten Tag fand man seine Leiche.

Dann muß ich, sagte S., eine andere Geschichte erzählen, eine Geschichte, von der man sofort begreifen wird, warum ich sie hier erzähle:

Den letzten Sommer verbrachte ich auf den Südshetland-Inseln, einem wilden, urtümlichen Archipel südlich von Feuerland, am Rande der Antarktis, eine herbe, vulkanische Landschaft von Fels, Gletscher und kärglichstem Pflanzenwuchs, fernab jeglicher Zivilisation. An diesem entlegenen Flecken, genauer auf der Insel Deception, stieß ich auf eine Robbenkolonie, welche am Rande des Eilands siedelte. Einige Kühe schienen erst unlängst geworfen, so daß sich eine größere Anzahl Robbenbabies munter an dem felsigen Ufer tummelte und sich mit Spielen in den seichten, ufernahen Wassern aufs vortrefflichste amüsierte. Von einem Felsen in der Nähe beobachtete ich das neugierige, verspielte Ausschweifen der lebhaften Schar.

Ich sah, daß in einiger Entfernung, draußen auf dem Meer, eine Gruppe Schwertwale sich bemerkbar machte, wovon sich deren zwei, meterhohe Fontänen ausstoßend, abzusetzen schienen, und unter kraftvollen Stößen der gewaltigen Schwanzflossen gegen das Eiland glitten. Da die beiden Wale den letzten Teil der Strecke kaum mehr auftauchten und nur mehr sachte unter der Wasseroberfläche vor sich hintrieben, jedes Aufsehen wohlweislich vermeidend, bemerkte die Kolonie die Gefahr nicht. Immer näher kamen die Wale und legten sich, nach Manier erfahrener Jäger, nicht unweit der Küste in Lauerposition. Indes hielt das fröhliche Tummeln und Tollen in der Nähe des Ufers unvermindert an, die jungen Robben klatschten mit den Flossen, stießen sich gegenseitig in die Fluten, jagten und verfolgten einander, ließen sich von den schäumenden Wellen in die Höhe tragen und wieder hinunterspülen. Plötzlich aber schoß einer der Schwertwale unter einem wuchtigen Hieb seiner Schwanzflosse wie ein Torpedo aus seinem Versteck, sprang, seitlich ausbrechend, in die Luft und klatschte unter gewaltigem Tosen mitten in die verspielte Robbenschar, dem ahnungslosen Treiben auf blutrünstige Art Einhalt gebietend, ja begann nun seinerseits, mit den Robbenbabies zu spielen, indem er diese mit dem Gebiß packte und hoch in die Luft schleuderte, sie seinem mittlerweile gleichfalls aufgetauchten Kumpanen zuwarf, welcher sie mit seinen kegelartigen Zähnen auffing und wieder zurückschleuderte, hin und her, bevor sie in dem gierigen Schlund des einen oder des anderen zerrissen und zermalmt, ein Spiel, welches geraume Zeit anhielt, bis kaum mehr Jungtiere vorhanden, ein Massaker der hinterhältigsten, grauenerregendsten Art, wobei sich das Meer dunkelrot verfärbte von jungem, warmem Blut.

Das Schlimmste, was ich je gesehen, das Schlimmste, was ich je erlebt. Nun war dies zweifelhafte Schauspiel allerdings keineswegs zu Ende: der eine Wal, dessen Hunger offenbar gestillt, trifft, nachdem der größte Teil der Jungrobben verschlungen, auf ein verängstigt und erschrocken durch das Wasser irrendes Baby, das letzte vielleicht, schließt den gigantischen Rachen und stößt es, mit geschlossenem Schlund, Richtung Ufer, schubst es in einem Anflug seltsamer Zärtlichkeit zur Insel zurück, um kurz vor dem für ihn gefährlich niedrigen Uferwasser innezuhalten und dem Baby aus einer Art Mitgefühl das Leben, die Freiheit zu schenken, und die junge Robbe schwimmt wie der Teufel, schwimmt durch das seichte Wasser, erklimmt den Fels, rettet sich zur Mutter, während der Wal, scheinbar zufrieden, abdreht und, nach einem letzten Blick zurück, in Begleitung seines Gefährten kraftvoll hinaus aufs offene Meer gleitet, um in der Weite der Fluten zu verschwinden.

Am nächsten Tag strandet der Wal, ich erkenne ihn an einer markanten Verletzung über seinem rechten Auge, nicht unweit des Tatorts, hat sich, willentlich oder unwillentlich, zu nahe an die Küste gewagt, liegt elend in dem seichten Wasser, und die Versuche der Männer, welche auf der Insel eine Forschungsstation betreiben, diese Versuche, ihn wieder ins tiefere Wasser zurückzustoßen, schlagen fehl, hilflose Blicke, eigenartige Töne, verzweifeltes Klatschen mit der Flosse.

Ob ich diese Geschichte glaube.

Gewiß, sagte ich, leuchte sie doch ein – die Geschichte eines aufmerksamen Beobachters.

Dann hätten wir, sagte S. leise, alles an der Hand, um die Kunst zu begreifen – nun können wir sie getrost vergessen.

Vergessen? warf ich überrascht ein. Ob ich ihn, um ihn zu verstehen, nicht kraft meiner Fantasie erfinden müsse.

Erfinden oder vergessen, dies sei gleichviel, erwiderte er mit ruhiger Stimme. Denn was wäre Erfinden anderes als Erinnern? Und sei nicht auch das Vergessen eine Form des Erinnerns, wenn auch eine beinahe vergessene, eine, an die wir uns kaum mehr erinnerten?

. . .

... wie der Außerordentliche vor siebzehn Jahren seine Dozentur angetreten habe, sei seine erste Amtshandlung die Anschaffung des Originals der *Aussichten in die Ewigkeit* von Johann Kaspar Lavater gewesen, eine Handschrift, welche er im Glasschrank seines Büros aufs sorgfältigste aufbewahrt habe, heißt es im Untersuchungsbericht der Polizei, heißt es auch in der Autobiographie des Ordentlichen, der es wissen muß, denn er war ein enger Vertrauter des Außerordentlichen, eigentlich nur durch seine ausgesprochene Ordentlichkeit von diesem zu unterscheiden, denn er, der Außerordentliche, habe Lavater ungemein geschätzt, habe, im Gegensatz zu ihm, dem Ordentlichen, der sich nur gelegentlich auf Lavater bezogen habe, während Jahrzehnten an Texten von und über Lavater gearbeitet, im Stillen sozusagen, aber immer im Hinblick auf eine Publikation, auch wenn jetzt alles anders gekommen sei, wobei, so der Polizeibericht, keine Manuskriptspuren im Büro des Außerordentlichen gefunden worden seien, so daß auf eine solche Tätigkeit nicht mit letzter Sicherheit geschlossen werden könne, viel wahrscheinlicher sei, wie die Assistentin des Außerordentlichen vermute, daß diese Arbeiten über Lavater nur fingiert gewesen seien, sei es vom Außerordentlichen selber, sei es vom Ordentlichen, um vom Eigentlichen abzulenken, in Wirklichkeit, so die Assistentin, sei das Thema ihres Chefs ein ganz anderes gewesen, doch könne sie sich wegen der laufenden Ermittlungen nicht weiter darüber äußern, schließlich sei dies ein Thema, bei dem man sich leicht die Finger verbrennen könne, was er, der Außerordentliche, ja am eigenen Leib erfahren habe, auch wenn dies der Ordentliche nicht wahrhaben wolle...

... nicht ganz unwichtig, so der Ordentliche, sei die Tatsache, daß der Außerordentliche in den siebzehn Jahren seiner Amtszeit immer wieder schwarze Mäntel habe mitgehen lassen, eine Angewohnheit, die er, der Ordentliche, aufs schärfste verurteilt habe, die der Außerordentliche jedoch für ganz normal gehalten und damit Dozenten und Garderobieren der Universität in Verzweiflung gestürzt habe, wobei, so die Assistentin, der Verwendungszweck dieser schwarzen Mäntel nie gänzlich geklärt worden sei, die aber, wie es im Untersuchungsbericht der Polizei heißt, in dem gediegenen Einfamilienhaus des Außerordentlichen gefunden worden seien, was die Kommissare in nicht unerhebliches Erstaunen versetzt habe, denn nie sei es ihnen, den Kommissaren, vorgekommen, daß sie in der Wohnung eines Vermißten zwei Dutzend schwarze Mäntel gefunden hätten, ein Umstand, der die Kommissare das Schlimmste befürchten ließ, ein Indiz, welches, wie sich die Kommissare ausdrückten, jedoch noch der Aufklärung harre, wie auch das Faktum, daß die Veloklammern des Außerordentlichen auf seinem Schreibtisch gefunden wurden und sein Fahrrad im Innenhof des Seminars, was, nach Auskunft der Assistentin, ein Verbrechen nahelege, denn der Außerordentliche habe das Seminar nie ohne sein Fahrrad verlassen, eine These, die vom Ordentlichen wiederum aufs heftigste bestritten wird...

... seine Frau, eine rund 30 Jahre jüngere Brünette, letzten November zur allgemeinen Betroffenheit der Kuratel und der Universitätsverwaltung Playmate des Monats, die es liebe, so eine empörte Gattin eines nicht genannt sein wollenden Dozenten, Strapse zu tragen, habe er, der Außerordentliche, angewiesen, über seine Forschungsarbeiten absolutes Stillschweigen zu bewahren, eine Anweisung, welche sie, die Frau, wie sie offen zugibt, ohne mit der Wimper zu zucken befolgt habe, denn so wie er sich nicht in ihre, wie sie sich ausdrückt, Sessions eingemischt habe, so habe auch sie sich nicht in die Arbeiten ihres Mannes einmischen wollen, viel wichtiger sei ihr gewesen, daß ihr Mann glücklich gewesen sei, und dieses Glück habe sie auf keinen Fall stören wollen, weil ihr Mann nicht zuletzt auch in der Ehe Außerordentliches geleistet habe, was, so die Frau des Außerordentlichen, bei einem Mann dieses Alters nicht selbstverständlich sei, aber doch sehr erfreulich, wenn man bedenke, wie umfangreich seine Mandate gewesen seien...

... in der Tat, so sagen die Leute, hätten sie den Außerordentlichen überaus geschätzt, auch wenn es ihnen manchmal schwergefallen sei, diese Wertschätzung in Worte zu fassen und sie dem Außerordentlichen anzuvertrauen, weil dieser doch immer derart Außerordentliches erwartet habe, welches sie, die Leute, kaum hätten erfüllen können, deshalb hätten sie ihn mit zunehmendem Maße gemieden, um ihn nicht mit ihren flachen Gedanken zu enttäuschen, doch habe es, wie in der Autobiographie des Ordentlichen nachzulesen ist, immer eine Reihe von Personen gegeben, die dem Außerordentlichen die Stange gehalten hätten, sei es, um ihren Einfluß zu mehren oder sei es, um ihrem verarmten geistigen Leben neuen Schwung zu verleihen, was, so der Ordentliche, zum einen nie und zum anderen immer gelungen sei, eine Ansicht, die von der Assistentin des Außerordentlichen jedoch als grobe Vereinfachung abgetan wird, als typisches Geschwätz des Ordentlichen, der, so die Assistentin, zeit seines Lebens nur Platitüden und Falschheiten in die Welt gesetzt habe und dem jeder einigermaßen wissenschaftlich geschulte Mensch mit größter Skepsis begegnen müsse...

... in der *Neuen Zürcher Zeitung* ist zu lesen, daß der Außerordentliche in der Cafeteria der Universitätsbibliothek zum letzten Mal gesehen worden und seither spurlos verschwunden sei und daß darüber hinaus auch das Original von Lavaters *Aussichten in die Ewigkeit* vermißt werde, jedenfalls nicht mehr im Glasschrank des Vermißten stehe, ein Indiz, welches, wie sich der Journalist ausdrückt, ein wissenschaftskriminelles Delikt nahelege, so daß, wie es heißt, gewisse gut informierte Kreise bereits von einer Entführung munkelten, eine Vermutung, die, so die Assistentin, einer gewissen Stringenz nicht entbehre, deren Gültigkeit aber, so der Journalist, beim jetzigen Stand der Dinge noch nicht abschließend beurteilt werden könne, weil die Ermittlungen noch im Gange seien und sich die Polizei vor allem von der Einvernahme der Assistentin und des Ordentlichen einigen Aufschluß über das plötzliche Verschwinden des Außerordentlichen erhoffe, eine Hoffnung, welche er, der Journalist, durchaus teile...

... in der *Sonntags Zeitung* wird die Ansicht vertreten, der Außerordentliche habe Lavaters Handschrift eigenhändig aus dem Glasschrank entfernt und sei abgehauen, weil Gerüchte eines Komplotts gegen ihn, den Außerordentlichen, im Umlauf gewesen seien, so daß er keine andere Chance mehr gesehen hätte, als mitsamt seinen Forschungsergebnissen und dem Quellentext zu verschwinden, was, so die *Sonntags Zeitung,* nur für Nichteingeweihte eine Überraschung gewesen sei, denn sie, die *Sonntags-Zeitung,* habe schon vor Wochen darauf hingewiesen, daß es Anzeichen einer Verschwörung, ja einer eigentlichen Schlammschlacht gegen den Außerordentlichen gegeben habe, was bei den herausragenden Forschungsresultaten desselben und bei dem, wie es heißt, exorbitanten Neid gewisser Konkurrenten nicht weiter erstaunlich sei, eine Schlammschlacht, von der sie, die *Sonntags-Zeitung,* sich unmißverständlich distanziere und die sie aufs entschiedenste verurteile, auch wenn sie ihrer Informationspflicht nachzukommen und ihren Lesern nichts vorzuenthalten habe, denn als Zeitung, welche, wie es heißt, immer am Puls der Zeit sei, dürfe sie die Augen vor derartigen konspirativen Machenschaften natürlich nicht einfach verschließen…

… was die angesprochenen Forschungsergebnisse des Außerordentlichen betreffe, so gebe es, wie die Assistentin meint, keine zwingenden Beweise, daß der Außerordentliche eine Publikation über Lavaters *Aussichten in die Ewigkeit* geplant gehabt habe, vielmehr hege sie, die Assistentin, den Verdacht, daß ihr Chef kurz vor einer epochalen Entdeckung gestanden habe, wie sie aus vereinzelten Andeutungen des Außerordentlichen habe entnehmen können, eine Entdeckung, bei welcher Lavater wohl als Zuträger von Ideen eine gewisse Rolle gespielt habe, welche im wesentlichen aber doch weit über Lavater hinausgegangen sei und deren Publikation die Grundfesten der abendländischen Wissenschaft, ja Lavater selbst aufs unerhörteste erschüttert hätte, eine Entdeckung, die, so die Assistentin, dem Außerordentlichen einen außerordentlichen Platz in der Geschichte der Wissenschaft verliehen, wenn nicht gar ihn verewigt hätte, habe er doch an einem genialen Verfahren gearbeitet, mit welchem er den Geist habe sichtbar machen und auf einfachste Art und Weise mit ihm kommunizieren können, eine, wie sich die Assistentin ausdrückt, ungeheuerliche Entdeckung, diese sogenannte Ratioskopie, mit welcher er, der Außerordentliche, die Tür zur Ewigkeit eine Handbreit geöffnet habe...

... solche Aussagen wie diejenige, daß der Außerordentliche an einem Ratioskopie-Projekt gearbeitet habe, um den Geist spiegelverkehrt abzubilden, seien, so der Ordentliche, hanebüchener Humbug, nicht ernstzunehmendes Gerede einer ehrgeizigen Jungwissenschaftlerin, die, so der Ordentliche, nichts anderes im Kopf habe, als mit ihren immer kürzer werdenden Röcken die seriöse Arbeit der Forscher aufs verwerflichste zu stören und zu untergraben, wobei sie, die Kurzgerockte, sich auf eine Weise vor der Presse aufspiele, die ihm, dem Ordentlichen, aufs Äußerste mißfalle, weil sie mit ihren unbedachten Äußerungen dem Ansehen der Universität enormen Schaden zufüge, was, so der Ordentliche, um so bedauerlicher sei, weil die Arbeiten des Außerordentlichen gerade in eine Richtung gezielt hätten, welche solch pseudowissenschaftlichem Spekulantentum ein für allemal einen Riegel schieben wollte, sei doch die Beschäftigung des Außerordentlichen mit Lavater im Lichte des Schnorfschen Positivismus zu sehen, ein Positivismus, bei welchem es ihm, Schnorf, in erster Linie um verifizierbare Tatsachen gegangen sei, denn er, Schnorf, übrigens ein Schüler des großen Finsler und Lehrer des nicht minder berühmten Forssmann, habe, so der Ordentliche, Lavater einzig und allein mit dem zur Verfügung stehenden positivistischen Methodenschatz interpretiert und dabei auf Metaphysik, Mystik und ähnliche Manieriertheiten verzichtet, Schnorf habe also, so der Ordentliche, in erster Linie auf Empirie und nicht auf irgendwelche kurzgerockten Modeströmungen gesetzt, ja der Schnorfsche Positivismus stelle einen einzigartigen Meilenstein in der Geschichte der Germanistik dar, und weiteres über den, wie der Ordentliche sagt, überaus ordentlichen Schnorf anzuführen, hiesse wohl, Eulen nach Athen zu tragen …

… die Sätze des Ordentlichen, wenn man denn, so die Assistentin, überhaupt von Sätzen sprechen könne, zeugten von einer Plattheit, die ihresgleichen suche, die jeder Beschreibung spotte, die lediglich offenlege, wie wenig der Ordentliche die Arbeit des Außerordentlichen verstanden habe, denn er, der Außerordentliche, habe ganz und gar nicht dem Schnorfschen Positivismus gehuldigt, sondern eine ganzheitliche, postschnorfe Betrachtungsweise angestrebt, in welcher sich Natur- und Geisteswissenschaft ergänzt und gegenseitig befruchtet, ja sich zu einer einzigartigen Synthese aufgeschwungen hätten, eine Leistung, welche sie, die Assistentin, außerordentlich hoch einschätze, und welche, Schnorf hin oder her, nur von Stümpern und Stumpenrauchern verkannt werden könne, die immer nur warme Luft produzierten, statt ihre geteerten Hirnschalen einmal kräftig zu durchlüften und sie im Aschenbecher ein für allemal auszudrücken …

… vielleicht, so heißt es bei Lavater, ließe sich eine Sprache finden, welche alles Denkbare ausdrücken könnte, eine himmlische Sprache sozusagen, welche alle denkbaren Vollkommenheiten hätte und welche alle auch nur im mindesten willkürlichen, das heißt bloß uneigentlich nachahmenden Töne durchaus entbehrlich machte, vielleicht, so heißt es in den *Aussichten in die Ewigkeit* weiter, ließe sich eine Mitteilungsart unserer Gedanken, Empfindungen und Bilder denken, welche alle erlernte Sprache entbehrlich machte, eine Sprache, welche eine lautere, unmittelbare Sprache wäre, die, und da sei er, Lavater, sich sicher, ein unmittelbares Anschauen und Genießen des Geistes ermöglichte und die uns auf mannigfaltige Art und Weise uns offenbaren, ausdrücken, mitteilen ließe, eine Sprache, die von jedem nach seiner Art, seinem Standpunkt und seinen Sinnen verstanden werden könnte, eine Sprache, welche von jedem auf verschiedene Weise und, so Lavater, von allen richtig verstanden werden könnte...

... und dann habe er einen schwarzen Mantel angezogen, wie mir der Außerordentliche in seinem Versteck gesteht, denn nur wenn er einen schwarzen Mantel angezogen habe, sei es ihm gelungen, den Geist für kurze Momente im Raum zu halten, diese Momente seien ihm vorgekommen wie die Ewigkeit, sagt der Außerordentliche, wie er sich in einem schwarzen Mantel auf den Geist konzentriert habe und dieser dann erschienen sei, in einer flüchtigen Gestalt, wie Stumpenrauch sozusagen, sei er erschienen, habe sich ein wenig gekringelt und sich dann auf der Couch ausgebreitet, sei flüchtig geworden und wieder dichter, um dann, wie es sich für den Geist zieme, mit einer rauchigen Stimme ein Gespräch zu beginnen, welches immer ungeheuer anregend gewesen sei, so der Außerordentliche, ein Gespräch, welches man gar nicht beschreiben oder ausdrücken könne, so anregend sei es gewesen, sozusagen ein anhaltendes Verrauchen des Geistes, ein Gespräch aus Wolken, und dann, wenn er sich zur Genüge kundgetan, sei er senkrecht in die Höhe gestiegen, habe kurz im Zimmer gehangen und sich dann aufgelöst, zurückgeblieben seien nach solch einer vernebelten Séance lediglich ein eigenartig kühler Hauch, ein beißender Geruch und Brandspuren auf dem schwarzen Mantel, vielleicht der starken Verräucherung des Geistes wegen, auf jeden Fall habe er, der Außerordentliche, aus diesem Grund ständig neue Mäntel beschaffen müssen und sei so, sozusagen im Dienste der Wissenschaft, zum Delinquenten geworden...

... wahrscheinlich hätten die Kommissare, heißt es in *Frau mit Herz,* die Frau des Außerordentlichen nicht richtig verstanden, ja vielleicht hätten sie die Frau nicht richtig verstehen wollen, um das Verhör in die Länge zu ziehen, denn nie hätten sie, die Kommissare, bei der Lösung eines Falles eine derart adrette Brünette zu verhören gehabt, immer hätten sie mit Stadtstreichern, Zechbrüdern und Fahrraddieben zu tun gehabt, auch wenn dies, so *Frau mit Herz,* natürlich keine Entschuldigung dafür sei, wie die Kommissare die Frau des Außerordentlichen verhört hätten, ein Verhör, bei welchem sich die Kommissare immer wieder verhört hätten, und, wie anzunehmen sei, absichtlich verhört hätten, bis es der Befragten zu bunt geworden sei und sie ihre Nacktaufnahmen wutentbrannt auf den Tisch geschmettert hätte, worauf ein erdrückendes Schweigen den Raum erfüllt hätte, daß es die Kommissare vorgezogen hätten, zu verschwinden, ohne allerdings zu vergessen, mit ihren gut durchbluteten Händen die Fotos der Frau in ihre Taschen zu stecken und beim Verlassen der Villa ein verschlagenes Lächeln aufzusetzen, und was dann, so *Frau mit Herz,* auf dem Revier passiert sei, könne man sich ja denken...

... es sei bedauerlich, so der Ordentliche, es sei unbegreiflich, so die Assistentin, es sei unverschämt, so die Frau, den Außerordentlichen nun, nachdem er wiederaufgetaucht sei, in psychiatrische Verwahrung zu nehmen, sei doch seine Psychose, seine Verstörung, sein Schweigen mitnichten ein Grund, ihn in eine Klinik zu stecken, vor allem, wenn man bedenke, was er als Opfer seiner Forschungen, als Opfer seiner Konkurrenten, als Opfer einer erpresserischen Wissenschaftsmafia alles durchgemacht habe, ja wenn man dies alles in Rechnung stelle, so sei der Spruch des Richters nicht zu verstehen, ganz und gar nicht zu verstehen, und was bleibe, sei eine Unzahl offener Fragen...

... manchmal noch, wenn sie in der Klinik in Wolken miteinander redeten, so der Geist, wölke ihm der Außerordentliche, daß er sich so sehr nach einem ganz einfachen Satz sehne, welcher alles, auch die Ewigkeit, ausdrücke, und weil er nie solch einen Satz fände, begänne es in ihm zu regnen, es fielen, so der Außerordentliche dampfend, heftige Niederschläge auf seine Wiesen, kräftige Ströme schwellten an, rissen die nicht vertauten Gedankenkähne mit sich, träten über die Ufer der Scham und verwandelten sein Denken in einen infernalischen Ozean, und wie er in diesen untertauche, spüre er im Wogen der schäumenden Brecher einen Bruchteil der Ewigkeit, und wie er wieder auftauche, werde ihm, dem Ozeanischen, klar, daß nicht nur der Anfang, sondern auch das Ende ohne Sprache sei...

Cool Man

Relax. Derbes Sehnen in der Brust. Aufstehen, die Zeitung holen. Wieder hinsetzen. Die Zeitung aufschlagen. Die Kinoseite suchen. *Simple Minds* aus dem CD-Player. Einfache Gedanken machen. *She's a river.* Hineinfließen in die Musik. Schwimmen in der Musik. Naß aufstehen und ein paar Takte tanzen. Sich drehen. Sich im Spiegel betrachten. Sich in die Augen schauen. Verschwimmen mit sich. Mit ihr. Dann wieder zurückfließen. Ein Summen im Körper. *She's a river.*

Die Kinoseite finden. Läuft was? Die Spalten durchsehen. Schrott sehen, mehrspaltig Schrott sehen. Mit den Augen die Spalten auf- und abwandern. Spaltenwandern. Dann die Augen auswandern lassen. Vis-à-vis die fette Sau am Fenster sehen. Die Sau gaffen sehen. Home screen. Grinsen. Lachen. Die Sau gaffen lassen. Zurückgaffen. Sehen, wie die Sau hinter Vorhängen verschwindet. Die Sau Sau sein lassen. Mit den Augen heimkehren.

Sich fragen, worauf man Lust hat. Lust auf emotion, eros, death. O.k. Capitol 1, 8 Uhr 45. Der neuste von

Luc Besson. Die Sache mit sich abmachen. Sich nochmals fragen, ob. Eine schnelle Entscheidung fassen. Sec sein. Ja sagen. Action. Gute Stimmung zulassen. Vielleicht jemanden anrufen? Zum Beispiel Mike oder Mike oder Mike? Oder sie? Warum nicht sie anrufen! Den Puls spüren. Die Wallung spüren. Alles spüren. Nein, nicht anrufen. Alleine hingehen. Auf die innere Stimme hören, alleine hingehen. Schon gut zu sich sagen. Desperado blues. Despair and blues and. Aber wenn sie? Äussere Stimme nicht beachten, aufhören mit ihr! Nicht anrufen jetzt, nur nichts verderben. Den Kopf in die Hand nehmen. Schon gut zu sich sagen.

Zeitung weglegen. Spaltenschrott vergessen, auslöschen. Aufstehen, in die Küche gehen. Einen Tee machen. Immer noch *Simple Minds* hören. *News from the next world* hören. Gedanken zu Neuigkeiten machen. Teebeutel suchen. Auf Hocker steigen. Teebeutel finden. Wasser aufsetzen. Wasser kochen lassen. Daneben stehen. Dampf sehen. Wasser in Tasse gießen. Teebeutel in Tassenwasser hängen. Beutel ziehen lassen. Zucker suchen. Löffel denken. Zucker im Kasten finden. Löffel in Schublade sehen. Herausholen. In Tasse legen. Umrühren, mit Eleganz Tee umrühren. Zucker zergehen lassen. Selber zergehen. Sich auflösen, sich vermischen. Sich mit sich vermischen. Sich und Tasse aufs Bett tragen. Vermischt auf dem Bett sitzen und sich in der Tasse wieder sammeln. Sich konzentrieren. Tee trinken. Tee trinken und konzentrieren. Kleine Schlucke nehmen. Denken was hast du heute gemacht was? Denken was hast du heute gedacht was? Das und das und das denken. Dies und das und jenes denken. Sie denken. Nur sie denken. Nichts mehr denken. Nichts denken. Nichts. Telefon sehen. Telefon hören.

Ob sie? Ob Mike? Ob? Telefon klingeln lassen klingeln lassen klingeln lassen. Nicht abnehmen. Auf innere Stimme hören, nicht abnehmen. Dann doch hingehen. Den Hörer abnehmen. Hallo sagen. Ach du bist's sagen. Schön, daß du anrufst sagen. Schlechte Laune kriegen. Ja es geht mir gut sagen. Das Gespräch so schnell wie möglich zu Ende bringen wollen. Kaum ein Wort sagen. Unter allen Umständen das Gespräch kappen wollen. Die Gelegenheit dazu verpassen, ständig die Gelegenheit dazu verpassen. Ja ja sagen. Ja sagen. Nein sagen. Du ich hab' jetzt leider keine Zeit sagen. Lügen. Schamlos in den Hörer lügen. An die fette Sau von vis-á-vis denken. Sich schämen. Ja ich ruf dich an sagen. Ja klar sagen. An das kotzerte Rendezvous von gestern denken. Tschüss sagen. Hörer auflegen. Fluchen Sich an den Kopf greifen. Warum kann ich nicht? denken. Sich an den Kopf greifen. Warum muß ich? denken. Sich wieder an den Kopf greifen. Aufhören mit diesem blöden Gegreife. Aufhören mit diesen blöden Gedanken. Tee austrinken. Aufstehen.

Ins Bad gehen. Sich zurecht machen. Den Körper wieder summen lassen. Zähne putzen. Zahnbürste wieseln lassen. Sich ausziehen. Duschen. Das Wasser über die Haut perlen lassen. Die Wasserperlen genießen. Warm kriegen. Gänsehaut kriegen vor lauter Wärme. Aus der Dusche steigen. Sich abtrocknen. Was für Unterhosen? denken. Blaue Unterhosen! denken. Blaue Unterhosen aus Schublade hervorzaubern. Blaue Unterhosen anziehen. Blauhösig dastehen. Sich blauhösig blöd finden. Blaue Unterhosen abstreifen, in die Ecke werfen. Her mit den khaki Boxer-Shorts! Khaki Boxer-Shorts suchen. Sich in khaki Boxer-Shorts werfen. Sich toll finden. Den Schwanz an den richtigen Ort rücken. Hosen, Socken, Hemd denken. Khaki Boxer-Shorts unter Blue Jeans verschwinden lassen. Socken überstreifen. Stahlkörper ins Hemd werfen. Eau de toilette riechen. Sich mit Eau de toilette vermischen. Duften. Schuhe denken. Ja ja denken. Schuhe suchen. Wo sind diese Scheissschuhe? fluchen. Keep cool. Schuhe aufstöbern. Tonight's the night. Grimmig dreinschauen. Schnürsenkel schnüren. Grimm.

Ausschreiten. Selbstbewußt sein. Blick aufrecht halten. Wildheit aufkommen lassen... Das Tier spüren. I am the animal. Sich fühlen. Nur nicht an sie denken jetzt. Weg mit ihr denken. You want a fuck? zu sich sagen. Direkt sein. Schnörkellos sein. Sec sein. You want a fuck? Sich nichts vorstellen. Nur keine Vorstellungen jetzt. Nur die Tramhaltestelle im Auge haben. Tramhaltestelle besetzen. Warten. Hin- und herschreiten. Blickkontakt suchen. Blickkontakt haben. Abschätzig sein. Gierig sein. Mit den Augen fremde Pupillen ausfräsen. Grausam, gradäugig, gnadenlos sein. Sich von ausgefrästen Pupillen abwenden. Wegschauen. Grinsen, dreckig grinsen. Cool man. Alles im Griff haben. Mit sich im Grimm sein.

Tram einfahren lassen. Einsteigen. Sich setzen. Die Leute mustern. Nichts Spezielles an den Leuten finden.

Aus dem Fenster schauen. *She's a river* summen. Sich in den Fluss summen. Versummen. Verschwimmen. Aaah schwimmen. Oooh schwimmen. Uuuh schwimmen. Sich ins Tram zurückschwimmen. Anhalten. Leben anhalten. Aussteigen. Aus dem Leben steigen. Cool man. You want a fuck? denken. Dem Weg folgen. Dem Kinoweg folgen.

Gedacht werden. Gedacht werden wo läuft der Film wo? Gesagt werden. Gesagt werden der Film läuft im Capitol 1, 8 Uhr 45. Auf die Uhr geschaut werden. Beschleunigt werden. Schneller gegangen werden. Beim Capitol angekommen werden. In die Schlange gestellt werden. Gewartet werden. Genervt werden. Langsam vorgerückt werden. Wegen dem blöden Geschwätz vorne und hinten mehr und mehr erzürnt werden. Endlich vor die Kasse gestellt werden. Gesagt werden ein Ticket bitte für Capitol 1. Im Portemonnaie herumgefingert werden. Schein gezückt werden. Mit dem Ticket in der Hand ins Kino gegangen werden. Im Foyer herumgestanden werden. Zentimeter um Zentimeter näher zur Türe geschoben werden. In den Saal eingetreten werden. Drei Meter weiter vorne eine Blonde mit einem grünen Schal sehen. Nur noch Augen haben für eine Blonde mit einem grünen Schal. Sich möglichst in der Nähe der Blonden mit dem grünen Schal hinsetzen. Die Blonde mit dem grünen Schal im schummrigen Licht aus den Augen verlieren. Sich aufregen. Sich in der Aufregung neben eine Dicke mit einer Tüte Popcorn setzen. Angelächelt werden. Lächeln aus dicker Tüte. Schlucken. Nochmals schlucken. Jacke ausziehen. Es sich bequem machen. Sich in den Sitz drücken. Auf der Lehne den Ellenbogen der Dicken spüren. Lipidsex. Sich nach einem grünen Schal umschauen. Kurz an sie denken. Sie aus dem Gedächtnis streichen. Nicht an sie denken jetzt. Nur grünen Schal denken. Nichts erkennen in der Dunkelheit. Sich nerven. Den Duft der Dicken riechen. Was ist das für ein Duft was? denken. An Patschuli denken. Auf die riesige weiße Leinwand sehen. Sich vor dem Patschuli in das Weiß der Leinwand flüchten. Sich mit der Leinwand links und rechts erweitern. Sich zur Leinwand weiten. Sich groß und offen machen. Weit sein, Leinwand sein. Warten.

Sich sachte mit Bildern füllen. Sich mit Dias füllen. Sich mit Jeans, Töffs, Schokoriegeln füllen. Klein anfangen. Mit Standbildern anfangen. Langsam Musik aufkommen lassen. *She's a river.* Bilder fließen lassen ... Sich im Sitz sitzen sehen. Sich Marlboro Gold rauchen sehen sehen. Sich in den Sitz zurückkehren sehen.

Powersound hören. Dolby THX Sound einfahren lassen. Das Beben spüren. Die Vibration spüren. Die Spannung spüren. Sich mit Gänsehaut überrieseln lassen. Sich überkommen lassen. Das Gefühl spüren. Ein leises Zittern in der Magengrube spüren. Den warmen Arm der Dicken spüren. Grünen Schal denken. Arm denken. Gewalt spüren. Campari sehen. Gläser, Hände, Eiswürfel sehen. Eiswürfel sein. Kalt sein. Sec sein. Kantig sein. Sich auflösen. Campari werden. Geschluckt werden. Sich vermischen. Wieder auftauchen. Patschuli riechen. Sich an jemanden erinnern. Erinnerung in Wüste schicken. Südamerika riechen. Süden sehen. Kaffee ahnen. Kaffeeduft atmen. Duft werden. Duft sein. Leicht sein. Ausgesprochen werden. Buchstäblich sein. Von Zigaretten, Parfum, Schuhen überlagert werden. Geraucht, versprüht, getragen werden. Zerdrückt, zerstäubt, geschnürt werden. Sich langweilen. Sich nerven. Denken wann fängt der Film endlich an wann? Denken warum reg ich mich so auf so? Den Kopf schütteln. Sich recken. Sich dem Film entgegenrecken. Knuspergeräusch ausmachen. Unzusammenhängendes Wortgeknusper ausmachen. Ellenbogen spüren. Um Armlehne kämpfen. Lehne zurückerobern.

Aufatmen. Trailer sehen. Stimmung mit Musik galoppieren lassen. Sich überschauern, überrieseln lassen. *The Wolves'Boy.* Zum Wolfsjungen werden. Alles abstreifen. Nackt sein. Natur sein. Sich den Hemdknopf öffnen. Wolf fühlen. Sich die Dicke im Bett vorstellen. Sich den Arsch der Dicken, die Brüste der Dicken vorstellen. Trotzdem gut drauf sein. Wolf sein. In den Wäldern umherstreifen. Irren. Hungern. Heulen. Wittern. Rudeln. Jagen. Durchs Unterholz preschen. Beute wittern. Hart sein. Beute wittern. Schnauze sein. Beute ausmachen. Großes Ja in die Welt setzen. Härte wachsen lassen. Nur Hunger und Härte sein. Beute greifen. Weiss sehen. Weiße Buchstaben sehen. *Demnächst in diesem Kino* sehen.

Still sein, gespannt sein. Dunkelheit. Knistern. *Gaumont-Productions.* Signet sehen. *Gaumont presents: a Luc Besson film.* Kribbeln spüren. Prickeln. Auf Bild prallen. Atem anhalten. Sechsspurig durch die Schluchten New Yorks rasen. Puls schnellen lassen. *Music by Eric*

Serra. Kehle spüren. *Sous-titrage Titra Laser.* Schnüren, Zittern, Beben Spüren. *Welcome to little Italy. Supreme Macaroni, Italian Restaurant.* Eintreten. *Eh, come stai?* Milch bestellen. Atmen. Mafia schmecken. Mit Toni am Tisch sitzen. *Bene.* Rauch sehen. Tonis Augen sprechen sehen. *We want never see that fat fucking face in this town again.* Tonis Augen flackern sehen. Foto sehen. *Are you free tuesday?* Milch trinken. Schweigen. *Yes I'm free.* Rauch sehen. *Five thousand? Tonis Kopf* nicken sehen.

Fat fucking face in Hotel ausmachen. Bodyguards ausschalten. Fat fucking face durch das halbe Hotel verfolgen. Fat fucking face Magazine leer schiessen lassen. Ausgeschossenes face von hinten zart umfangen, ihm das Messer an die Kehle setzen. Face Telefonnummer wählen lassen. Face mit Toni verbinden. Toni sagen hören *We want never see your fat fucking face in this town again. Capisci?* Face fragen, ob es verstanden hat. Face ja sagen hören. Face laufen lassen. Messer einstecken. Verschwinden.

Sich heimkehren sehen. Sich duschen, waschen, bügeln, essen sehen. Sich Topfpflanze bespritzen sehen. Sich denken sehen. Sich rauchen sehen. Sich Kniebeugen machen sehen. Sich beschissen fühlen sehen. Sich plötzlich über alle Massen beschissen fühlen sehen. Mathildaschuhe sehen.

Sich von hin- und herschwankenden Mathildafüßen umgarnen lassen. Sich vom Charme der Zwölfjährigen einwickeln lassen. Sich fragen lassen, ob man etwas brauche. Ob man Milch brauche. Ob sie Milch einkaufen solle. Nachdenken. Sich am Kopf kratzen. Schweigen. O.k. sagen. Mathildafüße fröhlich davonrennen sehen. *See you.*

Sehen: Greuel, Drogen, Bande, Mord, Blut, Schießerei, Mord, Hirn, Schlachterei, Mord, Zusammensacken, Brutalität, shit, fuck, crime. Augen schließen. Schwärze. Angst. Trommeln. *Music by Eric Serra.* Denken was mach' ich in diesem Film was? Augen wieder öffnen. Keep cool, man. Aufatmen. Spannung in kleine Scheiben schneiden, wegrollen. Ruhe. Gemetzel gemetzelt. Ruhe. Scheiben weggerollt. Ruhe. Leichen, Chaos, Koks. *See you.*

Please open the door! Please! flehen hören. Warten. Denken. Hand an der Klinke haben. Drücken. Öffnen. Durchatmen. Pause.

Saal heller werden lassen. Leute aufstehen und ins Foyer gehen sehen. Zu den Leuten gehören. Sich unauffällig umschauen. Unauffällig Ausschau halten nach der Blonden mit dem grünen Schal. Nichts entdecken können. Ein bißchen herumstehen, sich die Füße vertreten. Auf der Toilette pissen. Hände waschen. Trocknen. Auf Eiscreme oder Schokoriegel oder Popcorn oder Cola oder verzichten. Gong hören. Langsam wieder in den Saal hineinströmen. *She's a river.* Die Reihen hinter sich ins Auge fassen. Check. Grünen Schal nirgendwo ausmachen können. Sich verärgert neben die Dicke setzen. Shit!

Zweiter Teil. Mathilda widerwillig aufnehmen. Nicht nein sagen können. Sie nicht rauswerfen können. Ihr Stunden geben. Sie ausbilden. Sie trainieren. Mit ihr spielen. Sie knuddeln. Sich nach und nach in sie verlieben. Den Knopf im Bauch lösen. *The first time I'm in love* hören. Den Mord an ihren Eltern und Geschwistern rächen. No mercy. Sich von einer Kompagnie Cops nicht unterkriegen lassen. In Top-Form sein. Alle umlegen. Bombe sein.

Explodieren. Augen zuklappen. Tief Luft holen. Luft in sich spüren. Leben spüren. Sich Vogel vorstellen. Fliegen. Davonfliegen. Über den Horizont fliegen. Am Horizont Abspann sehen. Namen Namen Namen sehen. Links und rechts Leute aufstehen sehen. Gedrängt werden aufzustehen. Sitzen bleiben. Wie erschlagen sitzen bleiben. Nicht aufstehen. Den Film bis zum letzten Bild auskosten. Abspann auskosten. Bilder wirken lassen. Die Dicke sich grinsend entfernen sehen. Sich nicht ablenken lassen. Ganz in den Film zurücktauchen. Bildertauchen. Farbentauchen. Kinoblut in sich spüren. Grimm spüren. Power spüren. You want a fuck? Ja sagen, feierlich ja sagen. Langsam nach der Jacke greifen. Popcorn verstreut am Boden sehen. Pet-Flasche neben Tüte sehen. Saal sehen. Leere Leinwand sehen. Leere spüren. Aufstehen. Sich umschauen. Wenig Leute. Sich erinnern. Sich an grünen Schal erinnern. Saal schnell verlassen. Treppe hochsteigen. Draussen Leute herumstehen sehen. Hinter Leuten grünen Schal auf Velo davonfahren sehen. Neben grünem Schal zweites Velo fahren sehen. Shit! Grimm spüren. Den Weg gehen, trotz allem den Weg gehen.

Zuhause Wäsche aus Waschmaschine holen. Wäsche aufhängen. Pflanze giessen. Kühlschrank öffnen. Essen.

Trinken. Sitzen. Sich ausziehen. Sich aufs Bett werfen. *Simple Minds* hören. Tag Revue passieren lassen. Simpleminded sein. Sie Revue passieren lassen. *Music by Eric Serra.* An sie denken … Soll ich? denken. Gedanken fallen lassen. Sich fallen lassen. Denken morgen ist auch noch ein Tag noch. Denken hast heute schon genug gedacht hast. Sich im Bett hin- und herwälzen. Einschlafen.

Morgen. Zerknittert aufstehen. In zerknittertes Gesicht sehen. Falten sehen. Blässe sehen. Haarwirbel sehen. Haarwirbel sein. Augen blutunterlaufen. Aufgequollen. Schwarzberingt. Shit! Frühstücken. Sich wenig mögen. Butter aufs Brot streichen. Butterbrot hinunter. Tee trinken. Sich konzentrieren. Ein paar Worte zur Pflanze sprechen. Sich fragen was hast Du heute zu tun was? Nichts antworten. Einkaufen gehen. In Bibliothek gehen. Zum Friseur gehen. Zu Freund gehen. Mittagessen in Ofen schieben. Sich aufs Bett schieben. Ruhige Kugel schieben. Nickerchen schieben. Aufstehen. Zeitung lesen. Vorwand finden, um weiter nichts zu tun. Als free fucking philosopher in die Stadt fahren. Bummeln. In Läden herumhängen. Schauen was gibt es zu kaufen was? Nichts kaufen, nur schauen. Nur schauen, hören, riechen. Leute beobachten. Kaffee trinken. Müde werden. Nach Hause eilen. Duschen, bügeln, essen. Denken, rauchen, scheissen. Vom Gefühl übermannt werden, plötzlich vom Gefühl übermannt werden. Im Zimmer auf- und abgehen und auf Telefon von ihr warten. Sich aufs Bett legen und auf Telefon von ihr warten. Wieder aufstehen, in die Küche gehen, ein Glas Wasser trinken und auf Telefon von ihr warten. Ins Badezimmer gehen, sich die Nägel schneiden und auf Telefon von ihr warten. Ins Zimmer zurückkehren, hin- und hergehen und auf Telefon von ihr warten. Ein Buch aus dem Gestell nehmen, lesen und auf Telefon von ihr warten. Flash. Sie anrufen? Sie anrufen? Nein, nicht anrufen, einfach hingehen. Denken hast ja den Schlüssel hast ja. Sie überraschen, einfach hingehen. You want a fuck? Ja sagen. Sich in khaki Boxer-Shorts werfen. Jeans! denken. Cool man. O.k. sagen. Gehen.

Sich frei fühlen. Music by *Eric Serra.* Seinen Weg summen. Erde berühren. Mit festen Schritten Erde berühren. Erde sein. Vogel pfeifen hören. Hund bellen hören. Hund bellen lassen. Hot dog denken.

In Gasse einbiegen. Nummer 12. Frühling spüren. Eintreten. Holztreppe knarren hören. In sich hineinlachen. Cool sein. Stark sein. Die Treppe im Nu nehmen. Patschuli riechen. Schon im Treppenhaus Patschuli riechen. Vor der Türe stehen bleiben. Haare zurechtmachen. Kragen stellen. Cool man. Hineingehen. Nicht klopfen, einfach hineingehen. In ihrem Zimmer stehen. Sie überraschen. Sich überraschen. Sie und sich mit einem anderen überraschen. Schreck sehen. Schreck sein. Kriegstrommeln in sich hören. Hölle in sich spüren. Nacht sein. Nur noch Nacht und Tod sein. Hören was machst Du denn hier was? Sec sein. Frage überhören. Trommeln überhören. Ihm mit der Linken die Fresse polieren. Zuschlagen. Brutal sein. Faust sprechen lassen. Ihm in die polierte Fresse schauen. Ruhig sein. Ganz Ohr sein. Polierter Fresse einen schönen Abend wünschen. Sich ihr zuwenden. Cool bleiben. Nur keine emotions jetzt. Sie anschauen. Still sein. Stumm sein. Ihr in die Augen schauen. Sie fixieren. Ihre schwarzen Reitstiefel sehen. Mit schwarzen Reitstiefeln auf sie einschlagen. Sie schreien hören. Sie brüllen hören. Sie wimmern hören. Schlagen. Unerbittlich sein, gnadenlos sein. Reitstiefel in Ecke werfen. Sie weinen hören. Weinen überhören. Auf Terrasse Basilikumschale sehen. Einfache Gedanken haben. Basilikumschale holen. Sie Nein! schreien hören. Mit Basilikumschale ausholen. Warten. Ihr tief in die Augen schauen. Ihre Tränen sehen. Ihr Zittern sehen. Patschuli riechen. Zuschlagen. Mit Basilikumschale zuschlagen. Ihr den Kopf zerschmettern. Fetzen sehen. Haut sehen. Blut sehen. Sie verbluten sehen. Sie zucken sehen. Sie sterben sehen. Basilikumschale sinken lassen. Ruhig sein, ganz ruhig sein. Patschuli riechen. Haarbüschel sehen. All things must pass denken. Aus dem Zimmer gehen. Sich die Hände waschen. Sich Blut abwaschen. Ruhig sein, innere Ruhe spüren. Kein Aufhebens machen. Ins Zimmer zurückkehren. Ihr verzeihen. Flüstern the first time I'm in love. Ihr die Augen zuklappen. Ihre Hand halten. Gehen.

In die Nacht hineingehen. In die Nacht hineinsummen. *She's a river.* Fluss sein. Nach Hause fliessen. Sich verströmen. Zuhause duschen. Sich frisch machen. Gute Stimmung zulassen. Relax. Derbes Sehnen in der Brust. Sich im Spiegel betrachten. Sich in die Augen schauen. I pardon you. Sich leben sehen. Sich verzeihen sehen. Zufrieden sein. Mit sich, mit der Welt zufrieden sein. Tief einatmen. Einfache Gedanken machen. Träumen. An den Schreibtisch sitzen. In die Nacht hinausschauen. In die

Sterne schauen. Das Flackern sehen. Das Flüstern hören. Frösteln. Mensch sein. Auf das leere weiße Papier schauen. Schauern. Rauchen. Cool man schreiben.

Yerushalayim

Wer kennt sie nicht, diese ganz besonderen Orte, die ein ganz besonderes Gefühl in uns hervorrufen, die uns spüren lassen, daß wir leben, daß wir zum Leben gehören, daß wir nicht abseits stehen, sondern mittendrin, Orte, wo wir nichts verstehen und doch alles mitbekommen, wo wir fremd und doch ganz nahe bei uns selber sind, Orte wie diese Stadt, wo wir ewig verweilen könnten, wo wir, wenn wir könnten, Zeit fressen möchten, um die innere Uhr auf unendlich zu stellen…

Am Morgen weckten mich Deine Lippen aus Stein, dem immer gleichen Stein, sie weckten mich, drückten sich an mich, küßten mich, sanft, schauten mir zart in die Augen, draußen das Geheul von Polizeisirenen, das Hupen von Taxis, Alarmanlagen geknackter Autos, das Bellen streunender Hunde, schauten mir zart in die Augen, Deine Lippen, um dann zu lächeln, warmherzig zu lächeln, sich abzudrehen und zu schweigen. Kaum fassen konnte ich es, daß ich nun in Jerusalem, nach langen Jahren mein erster Morgen in Jerusalem, ich hatte kaum schlafen können auf dem zusammenklappbaren Bett, kaum schlafen vor Aufregung, Müdigkeit, Durst, ja dieser Durst, plötzlich, in der Nacht, wie in einer Wüste, Durst, und ich war aufgestanden und hatte getrunken.

Taxi. Gilo, Südjerusalem, Levona Street 1. Eilig verließen wir das Haus und stiegen in den weißen Toyota mit der grünen Aufschrift und den gelben Nummernschildern. Hupen, Bellen, Kindergeschrei. Mount Olive, sagte ich zum dunklen Chauffeur, bei dem man kaum entscheiden konnte, ob er Palästinenser oder Israeli oder beides. Unter uns die Stadt, die Weite, die Hügel. Derech Hevron. Der Verkehr lebhaft. Das Taxi mit neunzig Richtung Altstadt. Der Fahrer scheint die Sache im Griff, überholt links und rechts, wo grad mehr Platz ist. Dann, vor der Stadtmauer, biegen wir nach rechts. Hativat Yerushalayim, Ma'aleh Hashalom, Derech Ha'ofel, biegen in Straßen ein, deren Namen ich nicht entziffern kann, um dann, vorbei an verschiedenen Kirchen, vorbei am Konvent der Karmeliter und den Gräbern der Propheten den Gipfel des Ölbergs zu erreichen. Thirty shekels, please. Thank YOU, mister. Have a nice day. Bye.

Der Ölberg. Arab Area. Ich schaudere. Hier machte Jesus halt, als er zum Passahfest über Jericho und Bethanien aus Galiläa kam. Hier fand die Himmelfahrt statt. Hier wurde im Intercontinental Hotel vor 30 Jahren die PLO gegründet. Hier stehe ich, sehe das Sonnenlicht auf die goldene Kuppel des Felsendomes knallen und mir ist, als würde das Licht auf der Kuppel flüstern oder weinen. Ich sehe die Altstadt in einen matten Schimmer getaucht, staune ob der wunderbaren Aussicht, spüre den starken, warmen Wind vom Toten Meer her. Und soviel Geschichte, soviel zu Staub zerronnenes Leben weht mir entgegen. Unter mir Stein, Stein an Stein: der große jüdische Friedhof. Weil bei der Ankunft des Messias, so die Überlieferung, die Leichen unter der Erde zum Tempelberg kriechen werden, kommen, um dieses Kriechen zu verkürzen, viele Juden aus aller Welt in die heilige Stadt, um hier zu sterben, und verlangen, daß man sie hier beisetze, auf diesem Friedhof, dem nächsten beim Allerheiligsten.

Ich setze mich auf die Mauer der kleinen Terrasse und kann nicht aufhören, zu staunen. Der Wind bläst mir heftig ins Gesicht. Ich höre auf den Wind, höre das seltsame Pfeifen des Windes: Auf wen sonst könnte ich hören? Die Sonne verschwindet hinter Wolken, die Stadt verliert an Glanz, ein eigenartiger Dunst überzieht die Dächer der Altstadt, die beinahe zu verschwinden scheint. Was sagt der Wind?

Man kann dies alles nicht ernst genug nehmen, sagt der Wind. Mein Freund sagt: Ist es nicht so, daß man sich häufig viel zu ernst nimmt und sich selbst im Wege steht? Der Beschnittene aus dem Gartenbad sagte: Leute, die sich so furchtbar ernst nehmen, finde ich zum Kotzen. Meine Mutter sagte: Vergiss nicht, Großmutter eine Karte zu schreiben! Mein Freund sagt: Der Beduine fragt, ob wir eine Runde Kamelreiten. Ich sage: Wenn Menschen aufhören, sich ernst zu nehmen, dann wird mir unwohl. Mutter sagte: Du weißt ja, wie Großmutter ist. Mein Freund sagt: Warum reitest Du nicht eine Runde auf dem Kamel? Meine Exfreundin sagte: Loslassen. Die

Bibel sagt: Du sollst Dir kein Bildnis machen. Meine Exfreundin sagte: Du kannst nicht loslassen. Ich sage: Easy, easy. Großmutter sagte: Immer diese Weiber mit lackierten Fingernägeln in der Kirche. Der Beschnittene sagte: Wer sich so ernst nimmt, ist ein Loser. Großmutter sagte: Und dann dieser Gestank in der Kirche. Zum Beduinen sage ich: Thank you, I rode before. Der Wind sagt: Man kann dies alles nicht ernst genug nehmen, sagt der Wind, nicht ernst genug.

Ich blicke auf die Stadt hinunter. Vor mir tun sich die Lippen von Jahrtausenden auf, die Lippen kanaanitischer, davidianischer, salomonischer Juden, die Lippen Abrahams, Nebukadnezars, Alexanders des Großen, die Lippen der Perser, Hellenen, Römer, die Lippen Pompejus', Herodes', Pilatus', die Lippen Jesu, die Lippen Titus', Bar Kochbas, Hadrians, die Lippen der Byzantiner, der Araber, die Lippen des Kalifen Omar, der Kreuzfahrer, der Tempelritter, die Lippen Saladins, die Lippen der Mamelucken, der Ottomanen, die Lippen Suleimans des Prächtigen, die Lippen der Russen, die Lippen der Briten, die Lippen General Allenbys, die Lippen der Vereinten Nationen, die Lippen Israels, die Lippen fünf arabischer Armeen, die Lippen Jordaniens, die Lippen der Teilung, die Lippen des Sechstagekrieges, die Lippen Teddy Kolleks, die Lippen der Intifada, *ha'sfataim shel Yerushalayim,* ein ständiges Kommen und Flüstern und Sterben...

Wieviel Schicksal einem hier entgegenflüstert... Man kann es nicht ernst genug nehmen. Und dann könnte ich heulen, heulen und mich hassen, würde mich überall auf der Welt hassen, hasse mich nicht aber hier, auf dem Mount Olive: ich sehe die Lippen, höre das Flüstern, des Windes Flüstern, spüre den Hauch in mir, spüre, daß er nahe ist, ganz nahe, und könnte heulen vor Glück... Was flüstert der Wind? Man kann es nicht ernst genug nehmen, flüstert der Wind.

Und dann die Sonnenbrille, auf der sich die Aussicht bricht und spiegelt: das Kidron-Tal, die Davids-Stadt, Berg Zion, ein Schwarm von Dächern und hoch aufgewölbten Kuppeln. Die Haare meines Freundes flattern. Ja, denke ich, dieses Flattern, diese flatternden rötlichen Haare will ich festhalten: ein Augenblick ohne Wände. Und dann, plötzlich, der Bus und all diese Touristen, die so fröhlich aussehen, all diese Sonnenbrillen und Shorts und Zooms, und die arabischen Guides, die sich auf sie stürzen, you need a guide? need a guide? die palästinensischen Kinder mit kurzen, schwarzen Haaren, poster, good poster, one shekel only, poster, sir, one shekel, ja, diese Kinder und auch das Kamel will ich festhalten, die Gelassenheit und Langeweile und Arroganz des Kamels, diese Langmut, dieser Hochmut, dieses Kamel, und dann diese wunderbaren braunen Füsse, das Trippeln dieser weiblichen Füsse, dieses Trippeln an heiliger Stätte, auch dies will ich festhalten, denke ich und suche im spiegelnden Glas nach Spuren meiner selbst...

Aber nur der Moment bricht sich auf den Gläsern der Brille, nur der Moment, so unmittelbar, daß es einen verwirren könnte, so unzusammenhängend, daß man ihn geistreich finden könnte, mehrere Filme gleichzeitig auf der Brille, dazu das Rascheln der Bäume, das Flüstern der Steine, Orient, denke ich, die Opulenz des Orients, die Farben, die Gerüche, das Licht, und ich fühle eine seltsame Freude. Vielleicht nehm' ich mich tatsächlich zu ernst, denke ich, nehme mich, mein Leben zu ernst. Nur der Moment reißt mich heraus. Und Sex. Die Leute brauchen den Moment, sagt der Wind. Die Leute brauchen Kathedralen, sagte Großmutter. Die Leute brauchen Kathedralen aus Moment und Sex, sagen die Gläser der Brille...

Und dann nehm' ich Dich bei der Hand, Leserin, Leser, nehm' Dich einfach bei der Hand, entreiß' Dich Deinem gemütlichen, wohlbehüteten Lesen hinter Fenstern und Türen und führ' Dich ein Stück weit zurück, auf der Rab'a El'Adawiyeh ein Stück weit zurück, vorbei an Beduinen, Hirten und Ziegen zum schmalen, steilen Sträßchen, welches hinunterführt an den Fuß des Ölbergs, hinunter zum Garten Gethsemane. Wir spazieren das kaum befahrene Sträßchen hinunter, zur Linken der jüdische Friedhof, dieser riesige Totengürtel, ein Gürtel ohne Ende, zur Rechten die Kapelle Dominus Flevit, der Ort, wo Jesus die Zerstörung Jerusalems voraussah und weinte. Vier Tränenfläschchen seufzen noch heute von der Kuppel. Nur wenige Schritte weiter die prunkvolle russisch-orthodoxe Kirche Maria Magdalena mit ihren goldenen, zwiebelförmigen Kuppeln, von Zar Alexander III. zum Andenken an seine Mutter erbaut. Doch lassen wir Tränen Tränen, Zwiebeln Zwiebeln sein, laß uns in den wunderbaren Garten hineingehen, diesen herrlichen Hain, Gat Shemanim, Ölpresse, ein Ort, wo man Oliven kelterte, laß Dich salben und wiegen von diesem

Ort, der so idyllisch gelegen und schon so viel gesehen. Nicht schwer wird es Dir hier fallen, die Sorgen und Ärgernisse Deines Alltags eine Weile zu vergessen. Laß uns ein wenig ausruhen unter Olivenbäumen, Pinien, Zypressen, uns ausstrecken unter diesen uralten, knorrigen Bäumen, uns ausstrecken und vergessen. Schau in den Himmel, der hier so nah ist wie sonst nirgendwo. Und horch, das Rauschen der Bäume, die schon rauschten, als Jesus mit seinen Jüngern hierherkam, so alt die Bäume, die schon rauschten, als er hier betete und Judas ihn küßte, so alt, die schon rauschten, als die Jünger ständig einschliefen, die Bäume, die schon rauschten, immerzu rauschten, auch jetzt rauschen, wie Du sachte einnickst in meinen wortreichen Armen... ja, schlaf nur ein wenig, denn weit noch ist der Weg durch die Altstadt, und wer weiß, wie lange Deine Füße Dich noch tragen...

Mittagsstunde; ziemlich heiß ist's in der Zwischenzeit geworden. Laß uns langsam aufbrechen, Leser, Leserin; laß uns ins Kidron-Tal hinuntersteigen und auf der anderen Seite des Tales wieder hinauf zum Löwen-Tor, durchs moslemische Viertel, in die Via Dolorosa, in eine gemütliche arabische Kneipe in der Via Dolorosa, zu Hummus und Pita, das wird Dir gewiss munden, Fladenbrot und Kichererbsen nach altem Rezept, dazu eine Schüssel Salat, eine Karaffe Rotwein und dann noch einen Kaffee mit Maamoul, feinem Gebäck mit Nüssen und Pistazien.

Wer kennt sie nicht, diese ganz besonderen Orte, die ein ganz besonderes Gefühl in uns hervorrufen, die uns spüren lassen, daß wir leben, daß wir zum Leben gehören, daß wir nicht abseits stehen, sondern mittendrin, Orte, wo wir nichts verstehen und doch alles mitbekommen, wo wir fremd und doch ganz nahe bei uns selber sind, Orte wie diese Kneipe, wo wir ewig sitzen könnten, wo wir, wenn wir könnten, Zeit fressen möchten, um die innere Uhr auf unendlich zu stellen ...

Und wer kennt sie nicht, diese ganz besonderen Menschen, diese Menschen, die ein ganz besonderes Gefühl in uns wecken, ein bezauberndes, betörendes, in gewisser Weise lüsternes Gefühl, Menschen, die uns spüren lassen, daß wir leben, daß wir zum Leben gehören, daß wir nicht abseits stehen, sondern mittendrin, Menschen, die wir nicht kennen und doch verstehen, Menschen, denen wir fremd und doch ganz nahe sind, Menschen, mit denen wir ewig sitzen könnten, mit denen wir, wenn wir könnten, Liebe fressen möchten, um die Zeiger der Uhr für einen Augenblick anzuhalten ...

Und wer kennt sie nicht, diese einfache Fantasie, daß wir Uhren sind, Uhren, die immer wieder stillstehen, Uhren, die falsch gehen, Uhren aus anderen Zeiten, Uhren, die nicht repariert werden können, es sei denn an ganz besonderen Orten, von ganz besonderen Menschen, welche das stete, stille Ticken unseres Sterbens für einen Moment zum Stehen bringen, Orte und Menschen, welche uns ahnen lassen, daß jenseits unserer tickenden Körper ein Raum existiert, wo es möglich ist, gleichzeitig zu ticken und stillzustehen ...

Doch laß uns weiterziehen, Leserin, Leser, laß uns weiterziehen, ich sehe Deine Ungeduld, sehe Deinen Blick, satt bist Du, nun aber, so scheint es, willst Du weiter, willst endlich zur Klagemauer, willst, wer will es Dir verdenken, endlich die heilige Mauer sehen, willst sie sehen und berühren, mit Deinen eigenen Händen berühren...

Kotel ha'maaravi – die Westmauer. Eigentlich nichts anderes als eine Begrenzungsmauer, seit der Zerstörung des Zweiten Tempels aber heiligste Stätte der Juden, Brennpunkt von Träumen, Symbol der Hoffnung, Sinnbild der Erlösung. Kaum etwas anderes einigt das jüdische Volk mehr als diese Mauer. Weil der göttliche Funken aus dem Westen kommt, wird sie niemals zerstört werden, heisst es im Talmud. Männer bedecken ihr Haupt nun mit einem dieser Käppchen aus grauer Pappe, einer *kippah,* welche der alte, braungebrannte Jude bereitwillig reicht; Frauen nähern sich der Mauer auf der rechten Seite, Männer auf der linken.

Die Mauer zu berühren geht nahe; eine Unzahl von Gebeten ruht in ihr. Links und rechts von Dir ins Gebet versunkene, wippende Juden, ganz Konzentration, ganz Ekstase. Ein ergreifender Moment, ein Moment der Mystik, der Magie, der Gewalt. Es *gibt Menschen mit einem Herzen aus Stein und es gibt Steine mit dem Herzen eines Menschen.* In den Ritzen der Mauer kleine Zettelchen mit Wünschen: eine Mauer voller Wünsche. Ab und an auch ein in den Stein geritzter Name und dann wieder Löcher, weil die Leute kleine Steinchen aus der Wand brechen und sie als Talisman in der Tasche tragen. Sogar einige Pflanzen keimen in den Ritzen der Mauer. Wenn Du Dein Gebet, Deine Wünsche in eine Ritze gesteckt und Dich nun langsam wieder von der Mauer entfernst, dann bedenke, erst einige Schritte rückwärts zu gehen und erst dann Dich umzudrehen: Man soll dem Allerheiligsten nicht den Rücken kehren, und auch wenn Du wahrscheinlich nicht besonders fromm, so willst Du die vielen Chassidim hier doch auch nicht gegen Dich aufbringen und die Sitten und Gebräuche des Ortes respektieren...

Laß uns nun den Pfad rechts der Mauer zum Mograbhi-Tor hinaufgehen, durch das wir zum Tempelbezirk, zum Haram al Sharif gelangen, der für beide, Juden wie Araber, heilig. Staunen ergreift uns beim Betreten des Haram, Staunen ob dieser Welt der Kalifen und Sultane, der Minarette und Muezzins. Zu unserer Rechten die Al-Aqsa-Moschee. Uns aber zieht es nach links zum Felsendom, ganz Schönheit, ganz Anmut, ganz Würde – eine blaue Blume aus Gold und Glas, aus Keramik und Stein: Sinnbild himmlischer Harmonie. Im Inneren umkreisen wir, nachdem wir draußen die Schuhe ausgezogen, den heiligen Stein, das Zentrum der Welt, von wo aus Mohammed seine nächtliche Reise in den Himmel angetreten, den Stein, auf dem Abraham seinen Sohn Isaak opfern sollte, den Stein, auf dem die Welt erbaut, den Stein, aus dessen Staub der erste Mensch erschaffen, den Stein, der die Welt wieder zu Staub machen wird...

Erez Israel, heisst es im Talmud, liegt am Nabel der Welt, Jerusalem am Nabel von Erez Israel, der Tempel am Nabel Jerusalems, der Thoraschrein am Nabel des Tempels, die Bundeslade am Nabel des Thoraschreins und der Grundstein, auf dem die Welt erbaut, neben der Bundeslade...

Das Loch im Felsen, so der Koran, stammt vom Erzengel Gabriel, der die übrige Welt festhielt, damit sie dem Propheten nicht in den Himmel folgte... Im zerfurchten Felsen der Fussabdruck Mohammeds... Im Schrein über dem Abdruck zwei Barthaare des Propheten... Im Felsen eine begehbare Grotte, die Höhle der Winde, in der sich alle Seelen der Welt zum Gebet vereinigen, bevor sie gehen, wohin sie gehen...

So manches gäbe es hier, noch zu sehen, zu hören, zu riechen, doch der Takt, der Respekt, gebieten uns, hier zu schweigen...

Doch wie es aussieht, scheinst Du genug von der Altstadt, scheinst genug von Staub und Stein; gewiß, vieles noch blieb unentdeckt: die Grabeskirche, der Suq, der Markt, Fleisch, Gewürz, Juwelen, das Damaskus-Tor, Hesekiels Teich, das Viertel der Armenier... Vielleicht ein andermal. Nun aber steht uns der Sinn nach Ruhe einfacher Art; laß uns in ein Straßencafé sitzen und ein bißchen verweilen...

Café Chagall, Ben Yehuda Street. Der Strom der Einheimischen, der Strom der Touristen. Künstler, Handwerker, Händler, Straßenmusikanten, Clowns... Und betörend die Schönheit der Menschen, betörend das Knistern, das Dir aus tausend Körpern entgegendrängt, betörend dies Wippen und Hüpfen und Schlendern, dies Lächeln und Schauen und Sehnen... Und vergiß nicht, Leserin, Leser, Du bist Tourist und so vielleicht ein offenerer Mensch als zu Hause... Wenn Du nun einem Lächeln, einem Blick, einem Zwinkern nicht widerstehen kannst, so will ich Dich nicht aufhalten... Vielleicht, daß sich unsere Bahnen wieder mal kreuzen, vielleicht, daß wir bei anderer Gelegenheit wieder mal aufeinandertreffen; vielleicht, daß wir dann mehr Zeit haben, die Zeit zu vergessen, mehr Zeit, zu vergessen... Und warum nicht hier in Jerusalem, warum nicht hier in dieser wunderbaren Stadt, irgendwo in Mea Shearim, Kyriat Shmuel, Nahalat Shiva... Warum nicht hier? Denn was gibt es Schöneres, als hier zu weilen, was gibt es Schöneres, als sich hier in etwas Offenes zu verwandeln, das nur aus Horchen und Fühlen besteht...